映画・ドラマ・小説を楽しむための
警察・スパイ組織解剖図鑑

著／加賀山卓朗 Kagayama takuro
イラスト／松島由林

akira

X-Knowledge

はじめに

本書執筆のきっかけになったのは、2016年に翻訳学校でおこなった『ミステリーの翻訳に欠かせない米・英・北欧の警察組織・制度を学ぶ』というオンライン講義だ。おもに海外のミステリーを翻訳する仕事柄、アメリカやイギリスの警察について調べることも多いので、それらをまとめて紹介したところ好評で、今日まで定期的に開講されている。

これに各国の諜報機関の情報を加えて本にしませんかと言われたのが、本書の企画である。映画やドラマ、小説などのエンターテインメント（以後「エンタメ」とします）の世界で、警察と諜報機関はなくてはならない存在だ。読者の皆さんもいろいろな作品を観たり読んだりしながら、この警官の階級はどのくらいの地位なのか、保安官と警官はどうちがうのか、このスパイはどういう組織で働いているのかといった疑問を抱かれたのではないだろうか。そこでオンライン講義の警察関連の内容をベースにして、英米の諜報機関についてもまとめ、さらに近年エンタメでの世界進出が著しい韓国も取り上げることにした。

もとより紙数の制限もあって網羅的な情報ではないが、海外のエンタメ作品を愉しむうえで役に立ちそうなことをできるだけ盛りこみ、息抜きに翻訳のこぼれ話的なコラムも添えた。警察やスパイ、犯罪が出てくる作品がお好きなかたなら、手軽な作品ガイド、ブックガイドとしても使えると思う。いくらかでも鑑賞の参考になれば幸いである。

なお、企画の途中から、書評家・映画ライターの♪ａｋｉｒａさんが強力な助っ人として加わり、このテーマに関連したお薦めのドラマや映画を紹介してくれることになった。私自身も観ていない作品が数多くあるので、今後大いに愉しませてもらう。

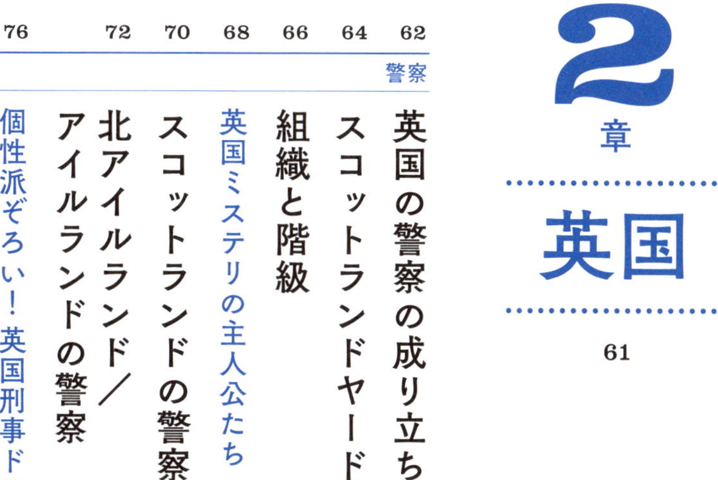

2章 英国 61

警察

諜報機関

その他の国の諜報機関

3章 北欧

99

4章 韓国・日本

113

column by
♪akira

column by
松島由林

column

※本文中の作品データは2024年7月のものです。ドラマについては現地でのシーズン数をもとにし、現時点で完結とされている作品についてのみ「全○シーズン」と記載しています。製作総指揮や出演者は、基本的にシーズン1のものを記載しています。
※作品紹介欄では現在何らかの形で視聴可能な作品を選んでいますが、配信等の状況は変化している可能性もありますのでご了承ください。
※各機関の組織図などは、特に記載のない限り公式ウェブサイトや現地の新聞記事等を参考に制作したものです。

ブックデザイン　米倉英弘（米倉デザイン室）
協力　翻訳専門校フェロー・アカデミー
編集　関根千秋（エクスナレッジ）

1
章

米国

警察

アメリカの警察の仕組み

市警察からFBIまで——大小の組織が林立

警察機関の主な構成

上位の組織が下位の組織を統括しているわけではなく、それぞれが独立した組織。警察の他に「保安官」という制度もある（⇒p.24）。

アメリカの警察は基本「バラバラ」

- 犯行の規模によってさまざまな警察組織が協力して捜査にあたる
- 個々の警察は組織制度から制服まで千差万別

アメリカの警察をひと言で表現すれば、大小さまざまな組織がおのおのの権限で治安維持活動をしている、ということになるだろう。全警察組織が国家公安委員会の管轄下にある日本とちがって、アメリカでは州（state）や郡（county）によって、警察組織も活動内容もまったく異なる。

基本となるのは市町村などの地方自治体の警察だ。といっても、5万人以上の職員を抱える全米最大規模のニューヨーク市警（NYPD）や、1万人以上のロサンジェルス市警（LAPD）から、小さな町のひと握りの警官からなる警察署まで、同じ「自治体警察」といっても規模や機能の差は大きい。

犯行が複数の自治体にまたがった事件などでは、その上の単位である「郡警察」が出てくる※。さらに複数の郡にまたがる事件やハイウェイ警備では「州警察」、複数の州を含む事件や国家的犯罪では「連邦捜査局（FBI）」が出てくる。しかし、FBIの捜査官が事件を担当しても州警察や自治体警察の出番がなくなるわけではなく、そういう場合には、FBIの捜査網やデータベースを活用

※州によっては、郡警察が存在しなかったり、郡保安官がその機能を担っていたりする。

その他連邦レベルの法執行機関の例

議会警察
Capitol Police

シークレット・サービス
Secret Service

麻薬取締局（DEA）
Drug Enforcement
Administration (⇒p.38)

税関・国境取締局（CBP）
Customs and Border
Protection

アルコール・タバコ・
火器及び爆博物取締局
（ATF）Bureau of
Alcohol, Tobacco and
Firearms (⇒p.36)

しながら、現地の状況にくわしい自治体警察も協力するなど、いろいろな組織の警官が合同で捜査にあたることが多い。そこで警官同士の友情や対立が生まれるのは、古今のエンタメ作品で描かれてきたとおりである。

ほかにも連邦レベルでは、麻薬取締局（DEA）、アルコール・タバコ・火器及び爆発物取締局（ATF）、税関・国境取締局（CBP）など多数の機関が独自に取り締まりや捜査をおこなうし、地域によっては昔ながらの保安官制度も残っている（これらについては後述）。特殊な分野では、連邦議会の秩序を維持する議会警察、各地の大学構内を警備する大学警察や、各種公共団体が設置する鉄道警察、国立公園警察などもある。

警察

組織と階級

『刑事』という役職や階級はない

刑事＝Detective（ディテクティブ）??

日本語では便宜上「刑事」と訳されていても、原語では「ディテクティブ」だけではなく「ルーテナント」「インスペクター」「サージェント」などさまざま。

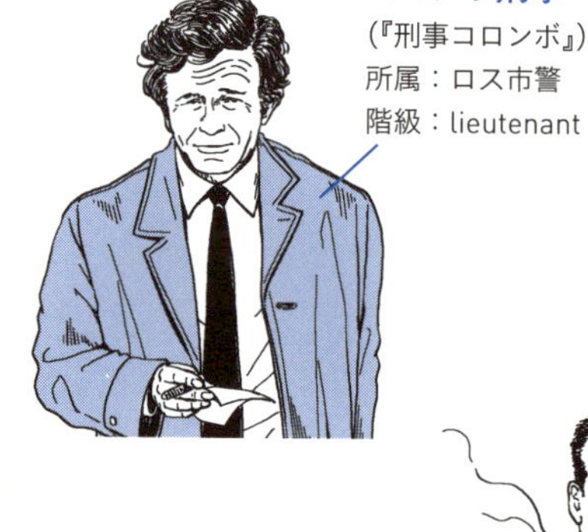

コロンボ刑事
（『刑事コロンボ』）
所属：ロス市警
階級：lieutenant

ハリー・キャラハン刑事
（『ダーティー・ハリー』シリーズ）
所属：サンフランシスコ市警
階級：Inspector

ジョン・マクレーン警部補
（『ダイ・ハード』シリーズ）
所属：NY 市警
階級：1 作目では不明、3 作目では lieutenant

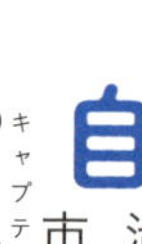

自治体警察の組織の例として、ニューヨーク市警をあげてみる【左頁】。Captain（キャプテン）の下に制服組と私服組（刑事）のふたつの系統がある。多くの翻訳ものでは英語と日本語がこのように対応するが、つねにではない。たとえば、この図でLieutenant（ルーテナント）は制服組だが、『刑事コロンボ』はロサンジェルス市警殺人課のLieutenantで、ご承知のとおり私服刑事である。

重要なのは、個々の訳語の対応よりも、英語の階級の上下関係が日本語にも反映されているかどうかだ。余談になるが、日本語と英語の階級の名称を比較すると、日本語は上層部が多く、英米では下層部が多い印象がある。したがって、左右からマッチングさせると、日本では完全に管理職でデスクワークのような階級の人（たとえば警視）が、英米では犯行現場の捜査の指揮をとるといったことが起きる。翻訳の際、Detective Sergeant（ディテクティブ・サージェント）に「部長刑事」などという日本の警察には存在しない階級名を使うのも、彼我の階級の不一致に対処するための苦肉の策（でもなかなか便利）である。

ニューヨーク市警察（NYPD）

映画やドラマには頻繁に登場するNYPD。1845年に設立され、約36,000人の警官と19,000人の職員が勤務する、全米最大の警察組織である。

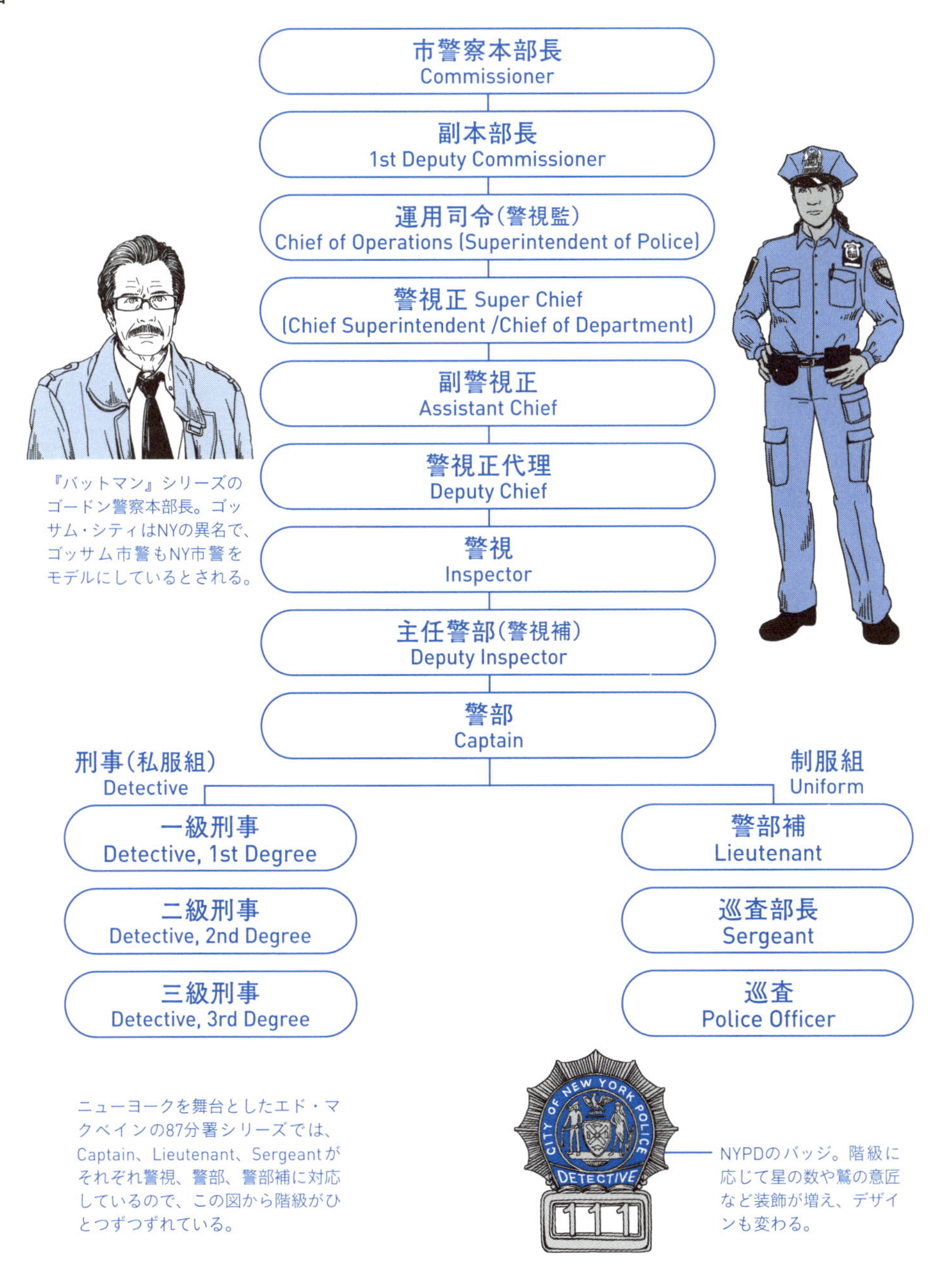

『バットマン』シリーズのゴードン警察本部長。ゴッサム・シティはNYの異名で、ゴッサム市警もNY市警をモデルにしているとされる。

ニューヨークを舞台としたエド・マクベインの87分署シリーズでは、Captain、Lieutenant、Sergeantがそれぞれ警視、警部、警部補に対応しているので、この図から階級がひとつずつずれている。

NYPDのバッジ。階級に応じて星の数や鷲の意匠など装飾が増え、デザインも変わる。

組織図参考：『ミステリマガジン』2000年7月号（上野治男／早川書房）
『アルク翻訳レッスン・シリーズ［出版翻訳］ミステリ翻訳入門』（田口俊樹著／アルク）

ドラマ

『LAW & ORDER』

1990年〜、24シーズン／製作総指揮：ディック・ウルフ　出演：サム・ウォーターストン、ジェシー・L・マーティン

ニューヨークを舞台に、1990年から現在も続くリーガルドラマの代表作。事件捜査に始まり、犯人逮捕から裁判までのプロセスを臨場感あふれるドラマで見せて多数のスピンオフを生む。あまりのヒットのため、米国以外でも数々の作品で"『LAW & ORDER』で知った"というセリフが頻出することに。

ドラマ

『LAW & ORDER：性犯罪特捜班』

1990年〜、25シーズン／製作総指揮：ディック・ウルフ　出演：マリスカ・ハージティ、クリストファー・メローニ

性犯罪という凶悪で卑劣な事件に立ち向かうNYPDの刑事たちと検事を描いた『LAW & ORDER』で最も人気のあるスピンオフ。犯人逮捕で一件落着とはならない被害者へのケアや司法の不完全さにも切り込む真摯な作りで、どのエピソードも質が高い。

ドラマ

『ブルックリン99』

2013〜2021年、全8シーズン／製作総指揮：マイケル・シュア　出演：アンディ・サムバーグ、ステファニー・ベアトリス

NYPDの架空の99分署を舞台に、マイペースで個性的すぎる警官たちが巻き起こす珍騒動を描いた爆笑コメディ。豪華ゲストも多数登場。ほとんどがスタジオ撮影だが、99分署として実際のNYPD78分署の外観を使用。後に『ママさん刑事 ローラ・ダイヤモンド』でも使われた。

ドラマ

『ブルーブラッド～NYPD家族の絆～』

2010年～、14シーズン／製作総指揮：ケヴィン・ウェイド　出演：トム・セレック、ドニー・ウォールバーグ

祖父は元NY市警コミッショナー、父は現NY市警コミッショナー、長男は刑事、長女は地方検事、次男は巡査という筋金入りのレーガン一家が、ときには家族の間に亀裂が入りかねない事件にも正攻法で取り組み、法執行機関の矜持を守ろうとする王道警察ドラマ。

ドラマ

『キャッスル／ミステリー作家のNY事件簿』

2010～2016年、全8シーズン／製作総指揮：アンドリュー・W・マーロウ　出演：ネイサン・フィリオン、スタナ・カティック

自分の小説を模倣した殺人事件がきっかけで、ベストセラー作家がNYPDの相談役に。ミステリ作家ならではの視点で捜査協力をするコメディ要素の高い刑事ドラマ。劇中キャラのリチャード・キャッスル名義のミステリシリーズも刊行され実際にベストセラーになった。

小説　エド・マクベイン　87分署シリーズ

『警官嫌い』

エド・マクベイン著、井上一夫訳　(早川書房)ほか

ニューヨークを想定した架空の街アイソラが舞台の警察小説の金字塔。全54作のシリーズは、モジュラー形式(⇒p.80)の臨場感あふれる物語と個性豊かな刑事たちの活躍が今もなお世界中の読者を魅了する。本国の他、フランス、日本でも映像化された。『キングの身代金』が堂場瞬一の新訳で再登場。

ドラマ

『BOSCH／ボッシュ』

2015年～2021年、全7シーズン　製作総指揮：エリック・オーヴァーマイヤー、マイクル・コナリー　出演：タイタス・ウェリヴァー、ジェイミー・ヘクター

LAPDハリウッド署殺人課刑事ハリー・ボッシュを主人公とした、現在も継続中のベストセラーシリーズをドラマ化。エピソードの順序やキャラクターの改変などはあるが、LAロケで実在の場所や店もそのまま使用され、街の息遣いが感じられる。脚本も担当した原作者マイクル・コナリーがこっそり出演も。

『刑事コロンボ』

1968年～1978年、1989年～2003年（全69話）製作総指揮：フィリップ・ザルツマン　出演：ピーター・フォーク、ジーン・バリー

70年代を代表する一話完結の倒叙ミステリドラマ。「ロス市警殺人課のコロンボ」と名乗らなければ現場で足止めを食らうヨレヨレのコートとボサボサ髪がトレードマーク。どの回もクオリティが高く、額田やえ子の名訳「うちのカミさん」と小池朝雄の絶妙な吹き替えが大勢の日本のファンを獲得した。

映画

『L.A.コンフィデンシャル』（1997年）

監督：カーティス・ハンソン　出演：ラッセル・クロウ、ガイ・ピアース

ジェイムズ・エルロイ原作の警察ノワール。裏切りと暴力が渦巻く50年代LAを妖しく気怠い雰囲気たっぷりに描きだし、アカデミー賞助演女優賞と脚色賞を受賞。ガイ・ピアースとラッセル・クロウというオーストラリア育ちの俳優2人の出世作となった記念碑的な作品でもある。

ドラマ 『MAJOR CRIMES ～重大犯罪課』

2012～2018年、全6シーズン　製作総指揮：マイケル・M・ロビン　出演：メアリー・マクドネル、G・W・ベイリー

ロス市警重大犯罪課が舞台のドラマ『クローザー』の主人公ブレンダが退職し、部のメンバーといくつかの事件を継続したスピンオフ。新主人公は前作でFIDの内務調査員としてチームと敵対したこともあるシャロン・レイダー警部。規則遵守が命という珍しいキャラ設定が光るチームドラマ。

『ヒート』(1995年)

監督：マイケル・マン　出演：アル・パチーノ、ロバート・デ・ニーロ

監督・脚本のマイケル・マンの代表作。デ・ニーロ演じる冷静沈着な強盗団のボスと、違法な手を使ってでも犯人逮捕に命をかけるパチーノの火花散る闘いが見もの。迫力の銃撃戦とカーチェイスは今観てもほれぼれ。2023年にメグ・ガーディナーとの共著で続編小説『ヒート2』が刊行された。

ドラマ 『ザ・ルーキー 40歳の新米ポリス!?』

2018年～、5シーズン　製作総指揮：アレクシ・ホーリー　出演：ネイサン・フィリオン、アリッサ・ディアス

主人公は銀行強盗にあったのがきっかけで40歳を過ぎてLAPDの新米警官となったジョン・ノーラン。親子ほどに歳の離れた同僚たちとパトロールに出かけると、新入りがやりがちなミスあるあるエピソードが続出。コミカルだが一転してシリアスな犯罪ドラマになるのもLAならではか。ボディカムの映像がリアル。

映画

『ダーティハリー』(1971年)

監督：ドン・シーゲル　出演：クリント・イーストウッド、ハリー・ガーディノ

サンフランシスコ市警の一匹狼ハリー・キャラハン刑事が主人公の警察アクション。ドン・シーゲル監督の演出、ラロ・シフリンによる不穏な主題曲と無差別殺人をくりかえすサイコパス犯人"さそり"が強烈な印象を残す。シリーズ4作目の"Go Ahead, make my day"は映画史に残るキメ台詞。

映画

『ゾディアック』(2007年)

監督：デヴィッド・フィンチャー　出演：ジェイク・ギレンホール、ロバート・ダウニー・Jr、マーク・ラファロ

1968年に実際に起きた連続殺人事件"ゾディアック・キラー"にとりつかれた風刺漫画家のロバート・グレイスミスによるノンフィクションを映画化。湖畔の犯行シーンでは静かな描写が血の凍るような効果をもたらした。美術、衣装等、当時の雰囲気を完璧に再現したフィンチャー監督最高傑作のひとつ。

ドラマ

『名探偵モンク』

2002〜2009年、全8シーズン　製作総指揮：アンディ・ブレックマン　出演：トニー・シャルーブ、トレイラー・ハワード

主人公はある事件がきっかけでサンフランシスコ市警を退職し、コンサルタントとなったエイドリアン・モンク。推理や洞察力は天才的だが、病的なきれい好きのせいでしばしばトラブルになることも。コミカルなストーリーで本格的な謎解きが楽しめる。クリエイターの一人はハイ・コンラッド。

『ミスティック・リバー』（2003年）

監督：クリント・イーストウッド　出演：ショーン・ペン、ティム・ロビンス、ケヴィン・ベーコン

デニス・ルヘイン同名原作の見事な映画化。11歳のジミー、ショーン、デイブの3人に忌まわしい出来事が起きた。遊んでいる途中、謎の男が2人の前からデイブを連れ去ったのだ。4日後に戻ってきたデイブは無言を貫いたが、何が起きたかは明らかだった。それから25年後、ある惨殺事件が再び3人を結びつける。

column
デニス・ルヘインとボストン市警

パトリック＆アンジーの私立探偵シリーズや、イーストウッド監督で映画化もされた『ミスティック・リバー』で有名な作家デニス・ルヘインは、ボストンの（アイルランド系移民が多い）ドーチェスター出身で、ボストン市警の警官の家族を主人公にした『運命の日』という大作を書いている。※

そこで描かれたのが、1919年に実際に起きたボストン市警の大規模ストライキだ。第一次世界大戦やロシア革命、インフルエンザのパンデミックの余波で社会不安が高まるなか、労働条件の改善を求めて市内の警官のほとんどが職場を放棄して、その数日間は各地で暴動が発生し、州兵も出動する大混乱となった。当時のマサチューセッツ州知事クーリッジが暴動鎮圧で名を高め、のちに合衆国大統領となる。

警官のストライキの規制方法は州によって大きく異なるが、ストライキ自体は法律で禁じつつ、警官組合による団体交渉は認めている州が多い。ストライキが違法とされる州では、その代わりに警官がいっせいに病気休暇を取る「病欠スト」（警官の制服の色が伝統的に青［紺］であることから、blue fluと呼ばれる）で抗議の意思表示をすることもある。

※ 探偵小説、犯罪小説を得意とするルヘインだが、このところ小説より映像作品に力を入れているようだ。刑務所内の囚人が、FBIとの司法取引で減刑されることを条件に、別の囚人（連続殺人犯）から自白を引き出そうとするドラマ『ブラック・バード』の企画、脚本や、メリーランド州ボルティモアの市警特別捜査班と麻薬組織との闘いを描くドラマ『THE WIRE／ザ・ワイヤー』の脚本などを担当している。どちらも傑作！

ドラマ

『THE WIRE／ザ・ワイヤー』

2022〜2008年　全5シーズン　製作総指揮：デヴィッド・サイモン　出演：ドミニク・ウエスト、イドリス・エルバ、ランス・レディック

ボルティモアを舞台に、法執行機関と麻薬密売人たち両方の視点で描かれた骨太な犯罪ドラマ。警察組織の腐敗や政治家の汚職が地域の犯罪を増加させている事実を容赦なく視聴者に叩きつける。デニス・ルヘインやジョージ・ペレケーノスも脚本に参加。

ドラマ

『ホミサイド／殺人捜査課』

1993〜1999年、全6シーズン　製作総指揮：バリー・レヴィンソン　出演：ヤフェット・コットー、リチャード・ベルザー

のちに『ザ・ワイヤー』のクリエイターとなる、メリーランド州出身で地元紙の警察担当記者だったデヴィッド・サイモンによるノンフィクションを原案にした警察ドラマ。リアリティ・ドラマの先駆けとなった。リチャード・メルツァー演じるマンチ刑事は後年『ロー＆オーダー 性犯罪特捜班』に同役で出演。

ドラマ

『WE OWN THIS CITY』(1997年)

2022年、全6話　製作総指揮：ライナルド・マルクス・グリーン　出演：ジョン・ヴァーンサル、ジェイミー・ヘクター

原作は2015年に黒人青年フレディ・グレイがボルティモアで路上逮捕され、搬送される途中で死亡した事件のノンフィクション。警察の暴力や人種差別に対する住民たちの抗議行動は暴動へと発展し、多くの被害が出た。街を恐怖で支配するエリートタスクフォース対正義の行方は？　製作総指揮はサイモン＆ペレケーノス。

ドラマ ハワイ

『HAWAII FIVE-0』

2010〜2020年、全10シーズン　製作総指揮：ピーター・レンホフ　出演：アレックス・オロックリン、スコット・カーン

1968年の同名ドラマのリメイク。タイトルはハワイ州知事直属の超法規的特別捜査班名。ハワイアン航空をはじめハワイ州全面バックにより、常夏の楽園ハワイの魅力が堪能できる警察アクションとして大ヒット。元SEALS少佐のスティーヴと本土から来た刑事ダニーのバディ要素も見どころ。

ドラマ シカゴ

『シカゴP.D.』

2014年〜、10シーズン　製作総指揮：ディック・ウルフ　出演：ジェイソン・ベギー、ソフィア・ブッシュ

ドラマ『シカゴ・ファイア』の悪役として登場した汚職警官ハンク・ボイトを主人公にしたノワール風味濃厚な警察ドラマ。ボイト率いる21分署特捜班は、シカゴを根城にするコロンビア麻薬カルテルを相手に死闘を繰り広げる。シカゴ・シリーズ以外のクロスオーバー作品でもボイトはひっぱりだこ。

ドラマ ルイジアナ

『TRUE DETECTIVE／トゥルー・ディテクティブ』

2014年〜、4シーズン　製作総指揮：ニック・ピゾラット　出演：マシュー・マコノヒー、ウディ・ハレルソン

2人の刑事が謎めいた殺人事件の捜査に身も心も絡めとられていくさまを緊張感たっぷりに描く異色のバディもの。主人公が刑事2人組という設定だけはそのままで、シリーズ毎に時代や場所、登場人物が変わる。どれも評価が高いが、とりわけ第1シーズンのルイジアナ編が出色の出来。

ドラマ フィラデルフィア

『コールドケース 迷宮事件簿』

2003〜2010年、全7シーズン 製作総指揮：ジェリー・ブラッカイマー 出演：キャスリン・モリス、ダニー・ピノ

フィラデルフィア市警殺人課刑事リリー・ラッシュと同僚たちが、過去の未解決事件を解決に導く。多くが人種差別や女性蔑視を動機とした事件のため、観るのが辛いこともあるが、当時の被害者たちに寄り添う真摯なつくりになっている。挿入曲の権利の関係でソフト化されていない。日本版リメイクあり。

ドラマ

『NCIS〜ネイビー犯罪捜査班』

LA ニューオーリンズ ハワイ シドニー

2003年〜、21シーズン 製作総指揮：ドナルド・P・ベリサリオ 出演：マーク・ハーモン、サッシャ・アレクサンダー

2003年から現在も続く超長寿番組。NCISとはNaval Criminal Investigative Serviceの略。ワシントンDCをベースに、アメリカ海軍関連のさまざまな事件を捜査する。リーダーのジェスロ・ギブスと個性的なメンバーたちが活躍するアクションドラマ。大人気のためさまざまなスピンオフが作られた。 第一弾の『NCIS:LA 〜極秘潜入捜査班』はその名の通り、危険な潜入捜査がメインのストーリー展開。続いて『NCIS：ニューオーリンズ』、『NCIS：ハワイ』、『NCIS：シドニー』が作られ、各地域ならではの風景や習慣が楽しめる。中でもさまざまなライブ演奏を楽しめるフレンチ・クォーターが有名なニューオーリンズでは、ドクター・ジョンやシェリル・クロウなど有名アーティストの出演も。最新作はギブスの若い頃を描く"NCIS:Origins"。

気になる！刑事ドラマの食事情

column by ♪akira ①

警察官の食事といえば、たとえば日本の刑事ものなら、昔だったら張り込みにはあんぱんと牛乳、外出時なら簡単に立ち食いそばなどで済ませるイメージがあるのだが、海外はどうだろう。

いわゆる社食的な施設内食堂が登場するドラマでまず思い出されるのは『リゾーリ&アイルズ』。ボストン市警の刑事リゾーリと検視医アイルズのコンビが活躍するテス・ジェリッツェン原作ミステリの映像化では、リゾーリの母がパートで働く署内のカフェで出されるドーナツやマフィンなどの高カロリー炭水化物と、健康志向のアイルズが好むオーガニックフードの対比が面白い。R・D・ウィングフィールド原作の『フロスト警部』ドラマでも署内食堂が登場する。こちらは時間の経ったサンドイッチなどでも気にしない警部らの行きつけのようだ。

英国作品にありがちなのがパブでの液体ランチ。勤務中にパイントビールを飲むのも驚きだが、『新米刑事モース～オックスフォード事件簿』のサーズデイ警部補のように、妻お手製のサンドイッチを持ち込んで一杯、という大らかさ（？）にもびっくりする。

落ち着いて食べる時間がない時に便利なのがフードトラックだ。『Hawaii Five-0』では友人のカマコナが経営するローカルフード店のエビ料理が情報料になったり、『ザ・ルーキー 40歳の新米ポリス!?』ではパトロール警官たちが集う息抜き場所になっているが、あの大きな身体で夕食までタコス程度で足りるのだろうか、と気になってしまう。

韓国作品でよく見かけるのが真っ黒い麺。肉味噌と麺を混ぜて食べるジャージャー麺タイプと、『パラサイト 半地下の家族』で出てきて話題になった、インスタントラーメン2種を混ぜて作るジャージャー・ラーメン（チャパグリ）が有名だ。

忙しい職業柄だからか、警官の自炊シーンではあまり凝った料理を見かけないのだが、『ブルーブラッド～NYPD家族の絆』には伝統的な家庭料理が登場する。必ず一家揃って食べるサンデー・ディナーは、司法制度を議論したり世代間ギャップを再認識する貴重な場であるとともに、家族全員無事に食卓を囲める幸せを象徴するシーンになっている。

警察

どこが違う? 役割や管轄は?
警察と保安官

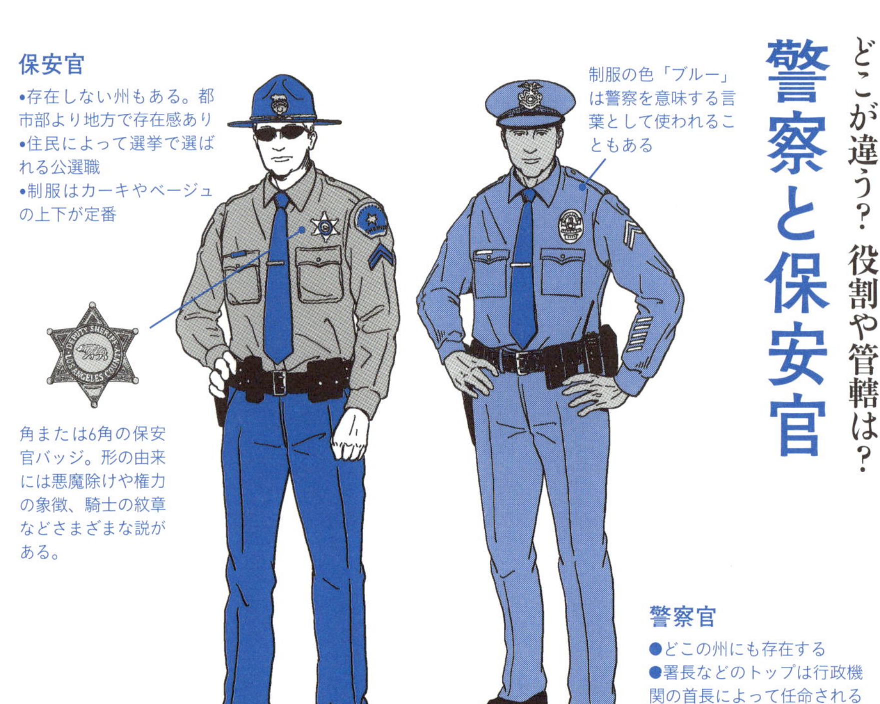

アメリカには、警察のほかに保安官(Sheriff)の制度もある。両者の役割は似ているように思えるが、ちがいは何だろう。

かつて保安官は、地域の治安維持を一手に担う存在だった。典型的には19世紀後半の西部開拓時代の保安官。町にならず者がやってくると逮捕したり、場合によっては撃ち殺したりする。OK牧場の決闘(映画のタイトルは『OK牧場の決斗』)で有名なワイアット・アープを思い出してもらいたい。

だが、その後とくに都市部では警察組織が発達し、保安官の役割はそれにともなって縮小した。そうした地域では、治安維持活動はおもに警察がおこない、保安官は裁判所や刑務所の警備、被疑者の移送、民事執行(差し押さえ物件の競売など)といった限定的な職務についている。

一方、西部を中心に、保安官の権限が一般警察業務も含めてまだかなり大きい地方もある。たとえば、ロサンジェルス郡保安局は全米最大の保安官事務所で、法執行官を含めた職員は約1万8000人。郡内の地方自治体に属さない地域(非法人地域)の警察業務をおこなうほか、場合によっ

※1.ただし、なかには署長や理事を住民が選挙で選ぶ警察組織もある。

カリフォルニア州全体＝ハイウェイ・パトロール（州警察）の管轄（⇒p40）

カリフォルニア州には捜査局（Bureau of Investigation）という組織もあって、ここの捜査を扱ったのが人気ドラマの『メンタリスト』（ドラマのなかの組織名はCBI）。ジェフリー・ディーヴァーの小説に出てくるキャサリン・ダンスもCBI捜査官である。

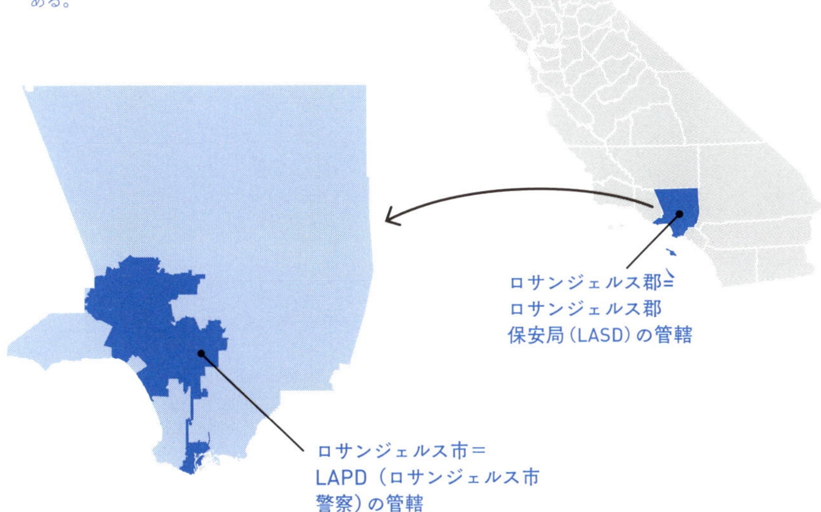

ては地方自治体とも契約して警察業務を請け負い、科学捜査や訓練などの支援もしていて、田舎町の小さな保安官事務所とはまるでちがう。このように、ひと口に保安官といっても、組織や権限は千差万別なのだ。

　警官は濃紺か青（ブルー）の制服、保安官はカーキ色の制服に星型のバッジをつけていることが多い。行政機関である警察の人事が内部で決まるのに対し※1、保安官は基本的に郡単位の公選制、つまり住民の直接選挙で選ばれる。警察組織が発達していない地方ほど、保安官の地位も、住民に選ばれたというプライドも高いと言えるだろう。

昔ながらの保安官のイメージ

映画『真昼の決闘』でゲイリー・クーパーが演じた伝説の保安官ワイアット・アープ。

※2スチュアート・ウッズ著『警察署長』には、新人の警察署長と古株の保安官の対立が興味深く描かれている（小説としてのおもしろさも歴代ベスト級）。S・A・コスビーの『すべての罪は血を流す』の主人公は、ヴァージニア州の郡保安官。地元民の選挙で選ばれた黒人保安官が凶悪犯罪を捜査するなかで、郡内ではむずかしい検死や科学捜査を州の機関に依頼したり、FBIの捜査官とかかわったりする様子が描かれている。

映画

『許されざる者』(1992年)

監督：クリント・イーストウッド　出演：クリント・イーストウッド、ジーン・ハックマン、モーガン・フリーマン

娼婦を切りつけた牧童が見逃され、怒った仲間たちは犯人に賞金をかける。今は足を洗ったかつての無法者マニーは、賞金のために若いガンマンと昔の仕事仲間ネッドと共に牧童を追うが、町では自分こそが法と信ずる保安官がよそ者たちを痛めつけていた。イーストウッド初のアカデミー賞監督賞の骨太西部劇。

ドラマ

『警察署長』

1983年、全3話　製作総指揮：マーティン・マヌリス　出演：キース・キャラダイン、チャールストン・ヘストン

原作はスチュアート・ウッズ。元農場主で謹厳実直な初代署長、狡猾で差別的な帰還兵の2代目署長、公民権運動の高まりと共に現れた3代目黒人署長が主人公。南部の架空の町デラノを舞台に、1920年代から数十年に渡る未解決犯罪の解決までを米国史とともに描いた名作。3署長とともに時代を歩む銀行家をチャールトン・ヘストンが好演。

ドラマ

『ウォーキング・デッド』

2010〜2022年、全11シーズン　製作総指揮：フランク・ダラボン　出演：アンドリュー・リンカーン、ノーマン・リーダス

保安官のリックは犯人との銃撃戦で被弾し昏睡状態になっていたが、目覚めると街は静まりかえり、ウォーカーと呼ばれるゾンビの群れが徘徊していた。原作はロバート・カークマンのグラフィック・ノヴェル。サバイバル・ホラーの世界観を軸に、濃密な人間ドラマが繰り広げられる。複数のスピンオフあり。

映画

『ノー・カントリー』(2007年)

監督：ジョエル＆イーサン・コーエン　出演：ハビエル・バルデム、トミー・リー・ジョーンズ

コーマック・マッカーシーの小説『ノー・カントリー・フォー・オールド・メン』をコーエン兄弟が映画化。ヴェトナム帰還兵のモスは、麻薬取引が原因と思われる銃撃戦の現場で見つけた200万ドルの大金を持ち帰る。モスを追うサイコパスの殺人鬼シガーの後には大量の死体が残されていく。

映画

『逃亡者』(1993年)

監督：アンドリュー・デイヴィス　出演：ハリソン・フォード、トミー・リー・ジョーンズ

60年代に大好評を博した連続TVドラマのリメイク。外科医キンブルは妻殺しの犯人にされ、死刑判決を受けるが、刑務所に向かう途中、護送車が列車と接触。脱走したキンブルは、真犯人を自ら見つけ出さんと逃亡を続ける。キンブル逮捕に執念を燃やすジェラード保安官のスピンオフ『追跡者』も作られた。

『法執行人 バス・リーブス』

2023年〜、1シーズン　製作総指揮：テイラー・シェリダン　出演：デヴィッド・オイェロウォ、デニス・クエイド

原作はシドニー・トンプスンによる、アメリカ初の黒人保安官代理が主人公の歴史小説三部作（未訳）。主人を守り南北戦争で戦った奴隷のバスは、ある出来事が起きて屋敷から逃げる。逃亡の末ネイティブ・アメリカンの家族に助けられ、農民として再出発するが、予想外にも法執行人への道が開かれる。

ドラマ

『JUSTIFIED 俺の正義』

2010〜2015年、全6シーズン　製作総指揮：グレアム・ヨスト　出演：ティモシー・オリファント

エルモア・レナードの短編『ぶちかませ！』を原案としたクライム・アクション。アフリカ系アメリカ人の教会が爆破される。犯人の白人至上主義者は、事件の担当となった保安官レイラン・ギヴンズの旧友だった。ギヴンズはジャナ・デリオン『ハートに火をつけないで』のガーティの推しとして挙げられた。

column

連邦保安官（USマーシャル）

郡の治安維持にたずさわる保安官（Sheriff）とは別に、連邦保安官（U.S. Marshal）という制度もあるのでややこしい（しかも日本語は同じ「保安官」。ただ、郡の保安官と区別するために「連邦法執行官」と訳される場合もある）。

連邦保安官は、文字どおり「連邦」の司法省のもとで働く法執行官で、Sheriffとちがって公選ではなく、大統領に任命される。おもな業務は、逃亡犯の追跡・逮捕、連邦犯罪（複数州にまたがる犯罪、麻薬密売、知能犯罪など）の被疑者の移送、証人保護、連邦裁判所の事務（召喚状発行など）。とくに逃亡犯の追跡・逮捕にあたっては、各地域の警察や保安官と合同で取り組むことも多い。凶悪犯や性犯罪者などの場合には、そこにFBIが加わることもある。

また、連邦レベルだけでなく、自治体や州単位で任命されるMarshalもあり、地域差はあるが、裁判所の警備や命令発行などのほか、州警察や郡保安官と同じような犯罪捜査や犯人逮捕をおこなったりもする。そういうMarshalは、日本語では「法執行官」と呼ぶしかなさそうだ。さらに、同じMarshalでも自治体によって警察署長や消防署長、あるいは警察官を指すこともあるから、職務の実態を見て訳し分けなければならない。

映画『フライト・ゲーム』でリーアム・ニーソン演じる主人公は連邦航空保安官という設定

column by 松島由林 ①
ツイン・ピークス
ワシントン州の田舎町ツイン・ピークスで
17才のローラ・パーマーの死体が発見される。
社会現象にもなった伝説の人気ドラマ。
WELCOME TO TWIN PEAKS
Population 51,201
1990-1991
デイヴィッド・リンチ監督
マーク・フロスト脚本
会議机につまれるドーナツ!
TWIN PEAKS
捜査機関編
登場人物が多く、すごい情報量(いろんな意味で)のドラマ。FBI、保安官にDEA、カナダ警察まで捜査機関も複数登場します。
ANDY
保安官補
気が弱く優しい
HARRY.S. TRUMAN
保安官
誠実な人柄
HAWK
保安官補
ネイティブアメリカン
LUCY
受付からドーナツ調達まで
TWIN PEAKS SHERIFF'S DEPARTMENT
ALBERT ROSENFIELD
FBI特別捜査官
鑑識の天才
傍若無人な物言いでよく人を怒らせるが非暴力主義者
DENISE BRYSON
特別捜査官
DEAに出向中
女装癖がある
GORDON COLE
クーパーの上司
声が大きい
デイヴィッド・リンチ自ら演じる
補聴器
デヴィッド・ボウイ!
WINDOM EARLE
クーパーの元相棒
現在は行方不明
『Xファイル』のデイヴィッド・ドゥカヴニー
コーヒーと甘いものが大好き
Damn good coffee!
『ツイン・ピークス/ローラ・パーマー最期の7日間』
PHILLIP JEFFRIES
FBI特別捜査官
2年間消息不明だったが突然、姿をあらわす
FBI フィラデルフィア支局
ローラが殺害された日に行方不明になっていたロネットが州境を越えて保護されたためFBI出動となった
DALE COOPER
FBI特別捜査官
直感や夢を重視しており独自の捜査手法を持つ
RR
Cafe
『ツイン・ピークス』といえばチェリーパイ。RRダイナーのパイはどれほど美味なのか…
「ダイアン」にいつも話している
作中のセリフ「25年後に会いましょう」の通り、クーパーを演じるカイル・マクラクランをはじめとしたオリジナルキャストを多数そろえた続編が2017年に制作されました。

警察

FBI

州をまたぐ犯罪や国家の安全保障にかかわる事件を捜査

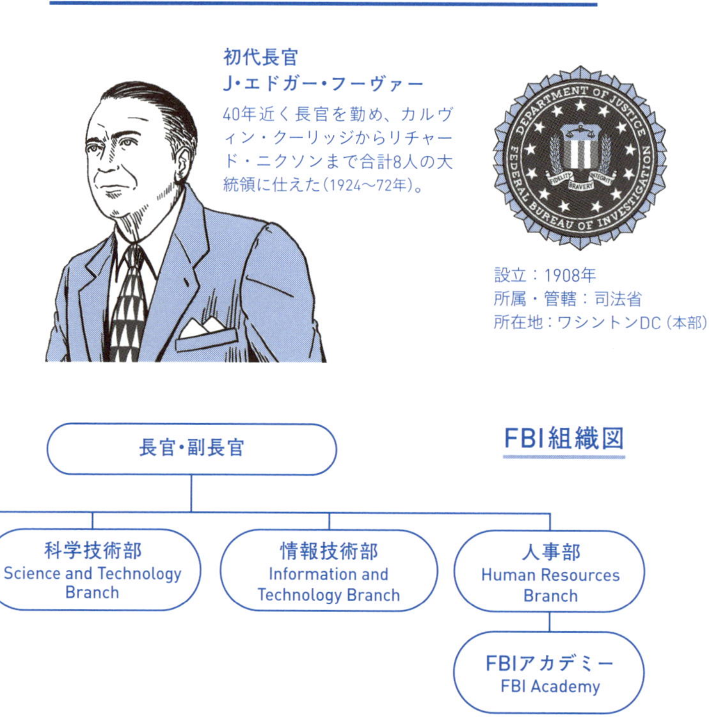

連邦捜査局（Federal Bureau of Investigation）は、司法省に属する法執行機関だが、独自の予算や手続きを持つ半独立の組織である。犯罪捜査のほかにも、テロリストや敵国スパイを監視する諜報機関という側面も持つ。遠い起源は南北戦争後にできた財務省の「シークレット・サービス」で、その現役・元捜査官を移籍させて、1908年に「捜査局（Bureau of Investigation, BOI）」が創設された。これがジョン・エドガー・フーヴァー局長のもとで1935年に、現在の「連邦捜査局」に改称される。

長官、副長官の下に、国家保安部、科学技術部、情報部など6つの部があり、国内に50以上の地方局が置かれている。概要で述べたとおり、複数の州をまたがる事件や、サイバー犯罪、テロなど重要事件の捜査をおこない、地方警察の要望に応じて科学捜査や犯罪者の行動分析といった支援もする。ワシントンDCの本部には、ほとんど神話化されたFBI犯罪科学研究所がある。

特別捜査官（Special Agent）には採用時に高学歴が求められ、徹底した身元調査がおこなわれる。現

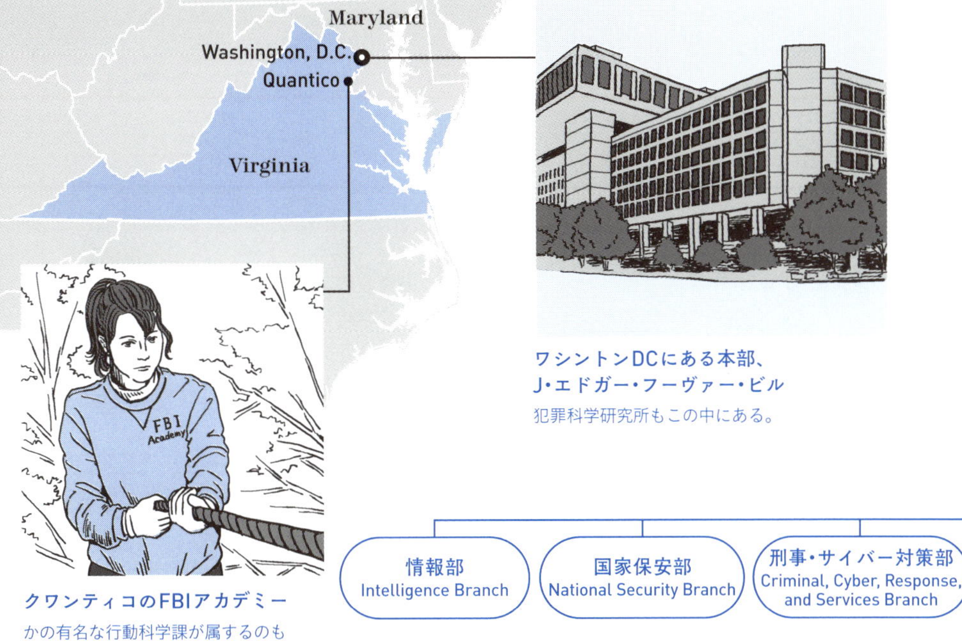

ワシントンDCにある本部、J・エドガー・フーヴァー・ビル
犯罪科学研究所もこの中にある。

クワンティコのFBIアカデミー
かの有名な行動科学課が属するのもここ。『羊たちの沈黙』は訓練生クラリスのトレーニングシーンで始まる。

在、1万人あまりの特別捜査官が働いていて、原則的に階級差はない。

　捜査局時代からの長官フーヴァーは、FBIを近代的な捜査機関として大きく発展させた一方で、不正な手段で重要人物や政治活動家らの情報収集を秘密裡におこない、大統領すら脅かすほど裏の権力を握っていたと言われる（伝記映画として、イーストウッド監督の『J・エドガー』がある）。反戦運動や公民権運動が盛り上がった1960〜70年代には、FBIによる社会監視や弾圧が問題になった。

　エンタメ分野でFBIの名を大いに高めたのは、ノンフィクション『FBI心理分析官　異常殺人者たちの素顔に迫る衝撃の手記』だろう。著者のレスラーは、ヴァージニア州クワンティコにあるFBIアカデミー行動科学課の主任プロファイラーだった。犯罪の特徴を行動科学的に分析して犯人像を推定する「プロファイリング」という捜査技術が広く知られたことで、小説『羊たちの沈黙』やドラマ『クリミナル・マインド　FBI行動分析課』など数々の作品が世に出た。

映画『羊たちの沈黙』(1991年)

監督:ジョナサン・デミ　出演:ジョディ・フォスター、アンソニー・ホプキンス

トマス・ハリスのベストセラーを見事な脚色で2時間以内に収めたミステリ映画の名作。皮を剥がれた女性の遺体が見つかり、連続猟奇殺人事件と見たFBIは、服役中の元精神科医で殺人犯のレクター博士の助言を得るために経験の浅い士官候補生のクラリスを送る。アカデミー賞の主要5部門を独占受賞。

ドラマ『クリミナル・マインド FBI行動分析課』

2005〜2020年、全15シーズン　製作総指揮:マーク・ゴードン　出演:トーマス・ギブソン、マンディ・パティンキン

FBIの一部署BAU(Behavioral Analysis Unit)を世界的に有名にした人気ドラマ。FBI所有の自家用機で全米各地に飛び、進行中の異常犯罪を阻止する優秀な分析官たちは、凶悪な犯人確保のために銃火器の扱いや護身術も必要とされる。実話をベースにした犯人の異常性やゴア描写に心を折られた初期メンバーが番組から降りたというリアルエピソードもあり。

ドラマ『ホワイトカラー』

2009〜2014年、全6シーズン　製作総指揮:ジェフ・イースティン　出演:マット・ボマー、ティム・ディケイ

タイトルは、詐欺や横領、脱税などの犯罪を意味する。詐欺師ニールは脱獄に失敗しFBI捜査官ピーターに捕まるが、FBIに捜査協力をすれば刑務所に戻らなくていいというオファーを受け、コンサルタントとして自分の知識や技術を犯人逮捕に役立てることに。軽妙洒脱なストーリー展開が楽しいバディもの。

ドラマ『マインドハンター』

2017年〜2019年、2シーズン　製作総指揮：デヴィッド・フィンチャー　出演：ジョナサン・グロフ、ホルト・マッキャラニー、アナ・トーヴ

デヴィッド・フィンチャー製作総指揮。原作はジョン・ダグラスのノンフィクション『マインドハンター――FBI連続殺人プロファイリング班』。70年代後半、2人のFBI捜査官は犯罪心理の研究のために殺人犯たちと実際に会って話をするが、回を重ねるごとにそれが彼らの内面を密かに蝕んでいく。

p 57「column by 松島由林②」も参照

ドラマ『クワンティコ FBIアカデミーの真実』

2015〜2018年、全3シーズン　製作総指揮：マーク・ゴードン　出演：プリヤンカー・チョープラ、ジョシュ・ホプキンス

ヴァージニア州クワンティコにあるFBIアカデミーの訓練生アレックスは、同期の仲間たちとともに厳しい訓練を耐え抜き、晴れて正式なエージェントとなった矢先、NYで起きた爆破テロの容疑者とされてしまう。FBIに追われる身となった彼女は訓練時代の同期たちのさまざまな疑惑を思い出しながら真相を探す。

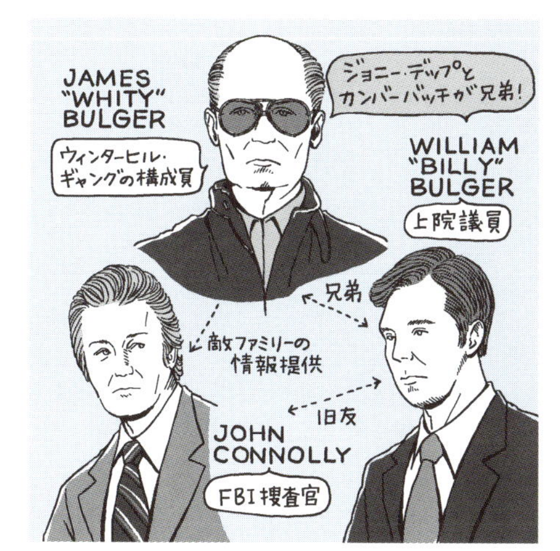

映画『ブラック・スキャンダル』(2015年)

監督：スコット・クーパー　出演：ジョニー・デップ、ジョエル・エジャトン

サウス・ボストンに実在したギャングのボス、ジェームズ・"ホワイティ"・バルジャーと、彼の弟で上院議員のビリー、そしてFBI捜査官のジョン。まったく別の道を歩んだ3人の硬い絆が暴走し、血に塗れた恐るべきスキャンダルを引き起こす。原作はディック・レイアの同名犯罪ノンフィクション。

『J・エドガー』(2011年)

監督：クリント・イーストウッド　出演：レオナルド・ディカプリオ、アーミー・ハマー

FBI初代長官であり、50年近い期間トップに君臨し続けたJ・エドガー・フーバーの生涯を描いた伝記映画。司法省職員からのし上がっていくエドガーの異様なまでの仕事への執着や、母親との複雑な関係、腹心のトルソンとのエピソードが描かれる。『キラーズ・オブ・ザ・フラワームーン』と併せて勧めたい。

映画

『フェイク』(1997年)

監督：マイク・ニューウェル　出演：アル・パチーノ、ジョニー・デップ

FBI捜査官ジョー・ピストーネは、NYマフィアの構成員レフティと知り合いになり、別人となって組織に潜入する。家族が崩壊したり、裏切りと偽りの日々で精神を病んでいく潜入捜査官の苦悩をデップが力演。原作はピストーネ自身が書いたノンフィクション。

ドラマ

『FBI特別捜査班』

2018年〜、6シーズン　製作総指揮：ディック・ウルフ　出演：ミッシー・ペリグリム、ジーコ・ザキ

FBINY支局を舞台に、タフで行動力のあるマギーや元軍人でムスリムのOAら優秀な捜査官たちがテロや誘拐などの重大犯罪に立ち向かう一話完結の連続ドラマ。組織の潤沢な予算と豊富なリソースは他の追随を許さない。スピンオフ『FBI 指名手配特捜班』、『FBI インターナショナル』とのクロスオーバーエピソードも。

column
ミランダ警告

アメリカで警官が被疑者を逮捕する際に、「あなたには黙秘権がある。あなたの供述は法廷であなたに不利な証拠として使われる可能性がある」といったことを呪文のように唱えるのが気になっているかたも多いだろう。これは「ミランダ警告」といい、この告知をしておかないと、被疑者の供述（自白）を裁判で証拠として用いることができないのだ。合衆国憲法修正第5条（自己負罪拒否特権）と第6条（弁護人の援助を受ける権利）にもとづく刑事司法手続きである。

この原則が確立されたのは、1966年のミランダ対アリゾナ州事件である。連邦最高裁判所で、黙秘権・弁護士選任権の告知のない状態での自白は証拠に採用できないとされ、被告のアーネスト・ミランダに対する州裁判所の有罪判決が取り消された。

この連邦最高裁の判例では、逮捕時ではなく勾留時の取り調べのまえにこの告知が必要とされたが、映画やドラマでは逮捕時に警告することが多い。ドラマチックな効果とわかりやすさを狙っての演出が定着したのかもしれないが、現実世界の逮捕でも、最初から被疑者の権利を知らせるためにミランダ警告をすることが多いという。逮捕後すぐに被疑者に質問しはじめることもあるので、警察側にとっても早めの警告が理に適っているのだ。

警察

ATF ※（アルコール・タバコ・火器及び爆発物取締局）

アル・カポネを追い詰めたエリオット・ネスが所属

現在は爆発物事件や銃撃事件の捜査で活躍することが多い

※ATFは旧称で、正確にはThe Bureau of Alcohol, Tobacco, Firearms and Explosives（BATF、BATFE）

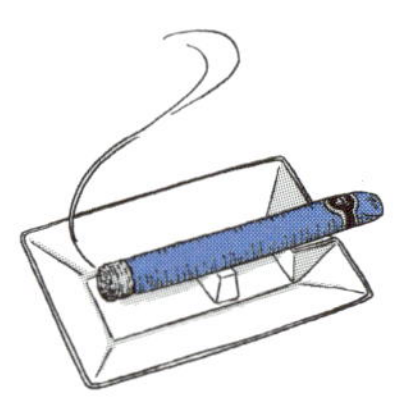

Tobacco

タバコ：50年代にタバコ税が連邦税の適用となり、徴税や脱税捜査が任務に加わる

Alcohol

アルコール：禁酒法時代にアルコール税の脱税を取り締まったのがはじまり

設立：1972年
所属：司法省
本部所在地：ワシントンDC

Firearms

火器：1968年の銃規制法の制定とともに職務の対象となり、初めて「ATF」と呼ばれるようになった

Explosives

爆発物：取り締まり対象になったのは9.11以降

ATFも、FBIと同様、連邦レベルの法執行機関だ。ATFを有名にしたのは、なんと言っても1920年代の禁酒法（ボルステッド法）時代に活躍した捜査官エリオット・ネスだろう。自伝『アンタッチャブル』は映画やドラマにもなった。設立当時は歳入局の一部門だったが、やがて財務省の独立組織「酒類取締局（Prohibition Unit）」として禁酒法を執行した。その結果、裏社会でアルコール・ビジネスを仕切っていたギャングの摘発に乗り出すことになり、ネスはシカゴでアル・カポネを逮捕したのだ。

酒類取締局は一時、財務省から司法省に移管されたが（FBIの部門にもなった）、1933年の禁酒法廃止でまた財務省の下に入り、アルコール関連の徴税という当初の仕事に戻った。そこにタバコ税の徴収と銃規制の職務が加わったのがATFである。やがて職務の重点は、銃や爆発物の規制に移っていく。2001年の同時多発テロのあと、ATFはふたたび司法省の所属機関となり、現在も爆発物の処理や爆発事件の捜査などで重要な役割を果たしている。

映画

『アンタッチャブル』(1987年)

監督：ブライアン・デ・パルマ　出演：ケビン・コスナー、ショーン・コネリー

実在した司法省特別捜査官エリオット・ネスが書いた同名ノンフィクションの映画化。舞台は禁酒法時代のシカゴ。暗黒街を牛耳るアル・カポネ逮捕のために彼が結成したチームは買収も効かないためアンタッチャブルと呼ばれた。59年に始まったロバート・スタック主演の同名シリーズは日本でもヒット。

映画

『デジャヴ』(2006年)

監督：トニー・スコット　出演：デンゼル・ワシントン、ポーラ・パットン

トニー・スコット&デンゼル・ワシントンのタッグ3作目。ニューオリンズで大規模なフェリー爆破事件が起きる。FBIに協力を要請されたATF捜査官ダグは、政府が秘密裏に開発した実験中の監視システムの存在を知る。それは4日と6時間前の出来事を観察し、犯人を特定するというものだった。

column

警察犬はどうしてK-9と呼ばれるの？

国内外のニュースでもよく目にする、空港などで活躍する麻薬探知犬や爆発物探知犬。彼らがしばしばK-9 と呼ばれるのは、英語やフランス語でイヌ（科の動物）という意味のCanine （ケーナイン）と発音が同じことから。鋭い嗅覚をもった犬たちはATFやDEA（麻薬取締局）でも大活躍。ATFのホームページではK-9部門の犬たちの画像が見られるほか、Youtubeチャンネルでトレーニングの様子なども公開している。

厳しい訓練をともにするハンドラーと探知犬は一心同体

警察

麻薬犯罪ものには必ずといっていいほど登場 DEA（麻薬取締局）

麻薬王エスコバル

コロンビアで世界最大の麻薬組織メデジン・カルテルを創設したパブロ・エスコバル。

ニクソン政権時代に設立

1960年代後半、ヒッピーの流行に伴いアメリカではマリファナなど違法麻薬の流通が急増した。取り締まりを強化するためリチャード・ニクソン政権はDEAを設立、麻薬の主な生産・流通拠点である中南米の密輸撲滅に取り組むようになった。

WAR ON DRUGS

麻薬戦争（war on drugs）という言葉を初めて公に使ったのもニクソン大統領だとされている。

設立：1973年
所属：司法省
本部所在地：バージニア州アーリントン

長い歴史をもつATFに対し、司法省管轄下に麻薬取締局（DEA）ができたのはそう昔ではなく、1973年のニクソン政権下である。広域にわたる麻薬取引事件では、この機関が州警察や自治体警察と協力して捜査、逮捕にあたる。麻薬カルテルなどに捜査官を潜入させる囮捜査では、捜査令状が必要になるので、裁判所との調整もおこなう。

DEAはまた、規制薬物を決定したり、医療機関などに一部の規制薬物の利用を許可したりする行政的な機能も持つ。さらに、アメリカ国内のみならず、世界40カ国以上に捜査官や職員を派遣して、情報共有や合同捜査をおこなっている。

『ナルコス』、『ナルコス：メキシコ編』は実話にもとづき、それぞれコロンビアとメキシコのDEA支局に派遣された捜査官の戦いを描いたドラマ。その捜査では、容疑者をアメリカに移送する犯罪人引渡し条約が力を発揮する。小説なら、米政府機関とメキシコの麻薬組織の長く壮絶な戦いを描いたドン・ウィンズロウの『犬の力』、『ザ・カルテル』、『ザ・ボーダー』の三部作で決まり。

ドラマ 『ナルコス』

2015〜2017年、全3シーズン　製作総指揮：ジョゼ・パジーリャ　出演：ワグネル・モウラ、ペドロ・パスカル

コロンビアの巨大麻薬密売組織メデジン・カルテルに君臨した実在の麻薬王ペドロ・エスコバルを巡る凄絶な物語。警察の買収に始まり、膨大な数の脅迫、誘拐、殺人を繰り返す凶悪な犯罪集団によるアメリカへのコカイン流出を命懸けで阻止しようとするDEA捜査官たちとの終わりなき闘いを描いた骨太のドラマ。

ドラマ 『ブレイキング・バッド』

2008〜2013年、全5シーズン　製作総指揮：ヴィンス・ギリガン　出演：ブライアン・クランストン、アーロン・ポール

アルバカーキの高校化学教師ウォルターは、ガンで余命2年と診断された。妊娠中の妻と障がいのある息子の将来を憂いた彼は、DEA捜査官の義理の弟から麻薬犯罪者の大儲けの実態を知り、自らの知識で高品質の覚醒剤を精製。販売にまで手を染める。国民健康保険がない恐ろしさも痛烈に描く社会派エンタメの傑作。

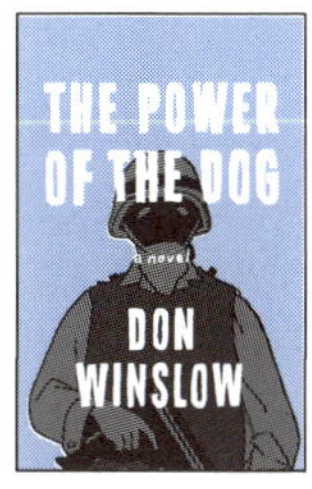

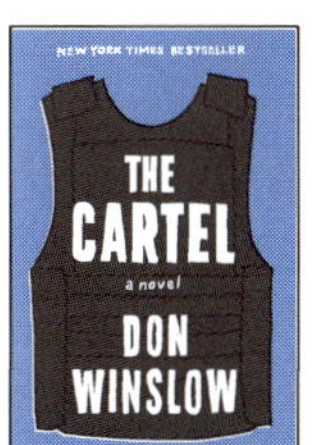

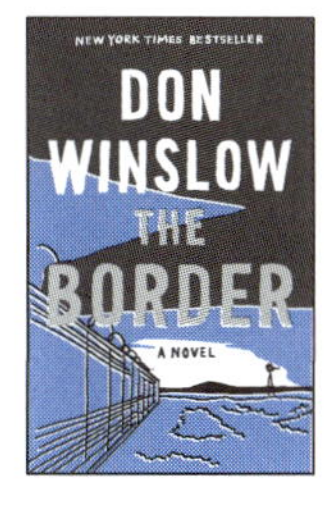

小説　ドン・ウィンズロウ　麻薬戦争3部作

『犬の力』 東江一紀訳(角川文庫)
『ザ・カルテル』 峯村利哉訳(角川文庫)
『ザ・ボーダー』 田口俊樹訳(ハーパーBOOKS)

麻薬王バレーラとDEA捜査官ケラーの凄絶な闘いを描いた『犬の力』『ザ・カルテル』『ザ・ボーダー』と続くウィンズロウのメキシコ麻薬戦争3部作。その冷酷さ、残虐さ、緊張感、憎しみの連鎖、裏切り、哀しみ……驚くべき熱量と血生ぐさささに圧倒される。麻薬犯罪小説の頂点に立つ一大叙事詩。

大小さまざまの組織が連携してアメリカ社会の治安を維持

その他の法執行機関

州警察（State Police）

州知事が州警察長を任命し、これが指揮監督する。自治体警察の管轄区域に属さない区域および州内の各自治体警察からの要請があった場合に対して捜査。

郡警察（County Police）

郡長官に所属し、各郡（カウンティ）内を管轄とする。ただし、ハイウェイ・パトロールの存在する道路と、市、町等の自治体警察管轄区域内をのぞく。裁判所の許可を受けた場合にはカウンティ内の全区域で、指定された犯人に対してのみ捜査がおこななえる。

市警察（City Police）

市長に所属し、各々の市内を管轄とする。ＳＷＡＴ（⇒p.43）やヘリコプター部隊、パトロール等はこの市警察あるいは郡警察の一部門である。

映画『ディパーテッド』(2006年）でマット・デイモン演じるコリン・サリバンはマサチューセッツ州警察の所属。警察学校の卒業式では制服を着用。

ハイウェイ・パトロール（Highway Patrol）

1910年代以降、アメリカ各州に設けられ、ハイウェイにおける交通法の施行や、事故調査、犯罪防止（とくに違法物の輸送や盗難車の移動など）にたずさわる。基本的に州の機関だが、必要に応じて連邦の道路管理局などと協力し合う。カリフォルニア州のように、通常の犯罪捜査や地方警察への支援などにも業務を拡大して、事実上、州警察として機能しているところもある。

レンジャー（Ranger）

昔は各州の準軍隊的存在で、強盗団などを相手に戦うのが任務だったが、現在ではたんなる自警団か、パークレンジャーのようにかぎられた場所（公園）を保護、管理するのみとなっている。ただし、テキサス州では、ハイウェイ・パトロールとともに州公安局に所属し、重大犯罪の捜査や州境管理、暴動の取り締まりなどをおこなう（いわゆる「テキサス・レンジャー」）。

シークレット・サービス（Secret Service）

現在および次期の正・副大統領とその家族、元大統領とその家族、訪米中の各国元首とその家族らを護衛する、警察、FBI、CIAから独立した機関。当初は1865年に偽造通貨対策として財務省下に創設され、金融犯罪の取り締まりに業務を広げて、1901年のマッキンリー大統領暗殺後に大統領の警備を担当するようになった。2001年の同時多発テロ事件を受けて国土安全保障省ができると、翌年その管轄下に入った。

州兵（National Guard）

州知事に所属。大きなデモや騒乱などで警察のみでは治安維持が不可能な場合に出動し、警察と共同作戦をおこなう。大統領命令によって動員されることもあり（州外や国外への派遣も含む）、その場合には国防総省の指揮下に入る。警察が検挙を目的とするのに対し、州兵は暴動そのものの鎮圧を目的とするため、暴徒に対して一方的な武器使用をおこない、社会問題になることもある。

パトロール特別区の警察

地方行政当局によって指定された特別区域のみを管轄とする警察がある。州立公園管理官、大学警察、猟区管理官（C・J・ボックスが書くワイオミング州猟区管理官ジョー・ピケットのシリーズが有名）などだ。また、トンネル、橋、水路などの公共の重要建築物を警備する場合もある。

私有地・私有建築物の警備員（Security Officer）

地元の行政当局から認可を得て、私有地や私有建築物のみを管轄とする警官（警備員）もいる。通常は申請者の自費で雇用され、管轄内で犯罪人を逮捕した場合には、認可当局に属する警察に引き渡す。なお、パトロール特別区と同様、その管轄には当局の警察が警察権を行使することもある。

映画『コカイン・ベア』（2023年）で麻薬の過剰摂取でハイになったクマに立ち向かう森林公園のレンジャー（マーゴ・マーティンデイル）。

国境警備隊（Border Patrol）

国土安全保障省（DHS）税関・国境取締局（CBP）に所属。現在、隊員は約2万名で、連邦政府の法執行機関としては最大規模である。国境に駐在して密輸や不法入国に対する警備をおこなうが、カナダ側には問題が少ないため、任務のほとんどがメキシコ側となる。

1924年の移民法で労働省の一部門として初めて正式に組織化され、とくに禁酒法時代に密輸の取り締まりなどで業務が拡大した。20世紀後半にも移民や麻薬の問題で活動は広がり、2001年の同時多発テロ後の組織改変で国土安全保障省の管轄下となって、対テロや国防にも力を入れるようになっている（テロリストの入国や武器密輸などの取り締まり）。

移民・税関執行局（U.S. Immigration and Customs Enforcement（ICE））

国境警備隊と同じく国土安全保障省に所属する移民・税関執行局、いわゆる「移民局」にも警察機能はある。捜査官は移住や関税にかかわる犯罪行為を幅広く調査し、関連する犯罪者の逮捕、勾留、強制送還をおこなう。必要に応じて国内のほかの法執行機関とも協力し、検問所の設置や強制捜索、囮捜査などをすることもある。

部族警察（Tribal Police）

アメリカ国内には300を超える大小のインディアン自治区（居留地、保留地、ネイションとも呼ばれる）があり、多くは独自の警察組織を持っている。これが部族警察で、その権限はそれぞれの部族法や州・連邦政府との取り決めによって異なる。部族警察は通常、自治区内での先住民による犯罪を取り締まるが、非先住民による犯罪の場合には権限がかぎられ、殺人や誘拐などの重大事件になると、FBIや内務省インディアン管理局（Bureau of Indian Affairs（BIA））の警察が関与してくる。

ナバホやチェロキーといった自治区の警察は管轄区も広大で、警官数も多い（最大規模のナバホは数百名）。

ドラマ

『WALKER/ウォーカー』

2021年〜、4シーズン　製作総指揮：アナ・フリック、出演：ジャレッド・パダレッキ、リンゼイ・モーガン

チャック・ノリス主演TVシリーズ『炎のテキサス・レンジャー』のリメイク。テキサス・レンジャーのコーデル・ウォーカーは妻が殺されたことに耐えきれず、家族を残し2年間の潜入捜査に。家族の修復と妻の殺人事件の真相解明に奔走する主演のジャレッド・パダレッキの妻が劇中も家族を演じている。

猟区管理官ジョー・ピケットシリーズ

『沈黙の森』

C・J・ボックス著、野口百合子訳（講談社文庫）ほか
第13作『発火点』より創元推理文庫に移行、
最新作は『暁の報復』（2024年）

2001年に初登場、現在も継続中のC・J・ボックスの大人気シリーズ。ワイオミングの大自然をバックに、真面目で家族思いの猟区管理官ジョー・ピケットと無敵の鷹匠ネイトが、環境破壊、殺人、誘拐などの犯罪に立ち向かう。義母の再婚ステップアップも読みどころ。ドラマ“Joe Pickett”（未公開）も好評。

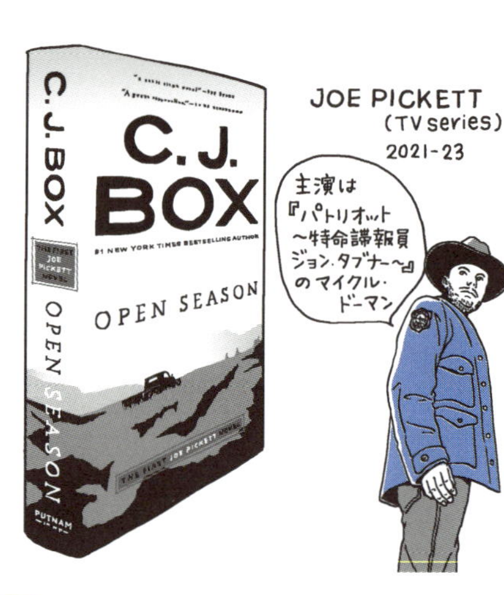

映画

『ウインド・リバー』（2017年）

監督：テイラー・シェリダン　出演：ジェレミー・レナー、エリザベス・オルセン

ネイティブ・アメリカンの保留地ウィンド・リバーで少女の遺体が発見される。野生生物局のコリーとFBI捜査官ジェーンが捜査を進めるとさらに遺体が見つかり、封印されたおぞましい事実が浮かび上がってくる。『ボーダーライン』『最後の追跡』に続く、テイラー・シェリダン脚本”フロンティア3部作” 最終章。

column
SWAT

警察の凶悪犯逮捕や人質救出作戦、対テロ活動などに出てくる重武装の部隊がSWAT（チーム）である。SWATとはSpecial Weapons and Tactics（特殊武器と戦術）の略で、通常、特別襲撃隊、特別狙撃隊、特殊部隊などと訳される。

20世紀なかばごろからの社会不安と犯罪発生率の上昇を背景に、1967年、ロサンジェルス市警察でSWAT部隊が編成され、重大犯罪に対処したのが始まりで、その後全米の法執行機関で類似の部隊が設けられた。現在では地方自治体から郡、州、連邦レベルの警察組織がこのような部隊を抱え、アメリカでは、人口5万人を超える都市の約9割に存在するという統計もある。

もちろん今日ではアメリカだけでなく多くの国の警察組織で、それぞれの地域の要請や犯罪状況に応じた活動をおこなっている。SWATやその隊員は、数多くのエンタメ作品で活躍している。

column
名探偵の前職は?

フィクションの有名私立探偵は、探偵になるまえに何をしていたのか？

まず、警官がある。ローレンス・ブロックのマット・スカダーはニューヨーク市警、スー・グラフトンのキンジー・ミルホーンはカリフォルニア州サンタテレサ（架空の街）市警で働いていた。

意外に多いのが、地方検事局（District Attorney's Office）の職員だ。レイモンド・チャンドラーのフィリップ・マーロウはロサンジェルスの地方検事局の調査員をしていたが、「口答えが多い」せいで解雇され、探偵になった。ロス・マクドナルドのリュウ・アーチャーは、警察勤務ののち地方検事の下で働いている。R・B・パーカーのスペンサーも地方検事局に勤めていたが、上司と対立して退職した。

別路線として、サラ・パレツキーのV・I・ウォーショースキーはシカゴの元弁護士だった。

有名私立探偵の出身機関

- フィリップ・マーロウ（レイモンド・チャンドラー）⇒地方検事局捜査官
- リュウ・アーチャー（ロス・マクドナルド）⇒地方検事局捜査官
- スペンサー（ロバート・B・パーカー）⇒地方検事局捜査官
- マット・スカダー（ロバート・ブロック）⇒ニューヨーク市警
- キンジー・ミルホーン（スー・グラフトン）⇒サンタテレサ（CA）市警

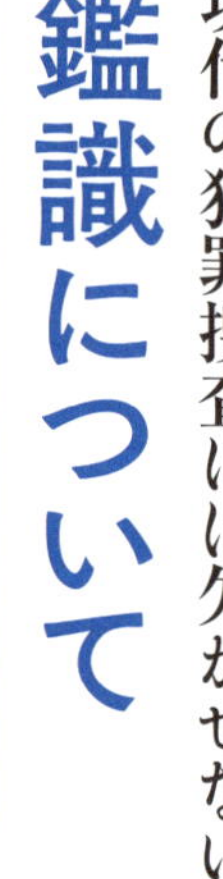

現代の犯罪捜査には欠かせない科学的検証
鑑識について

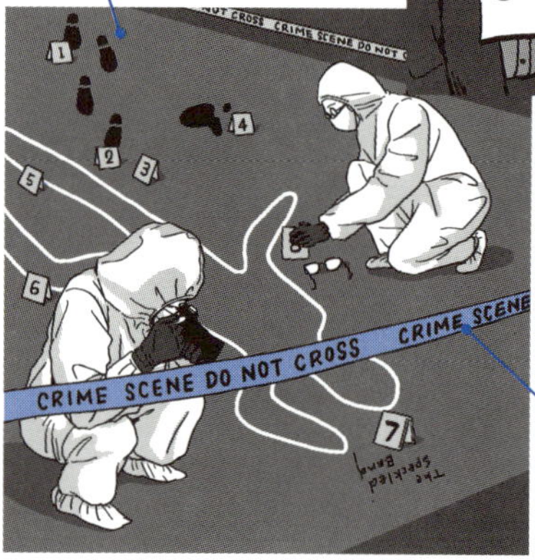

指紋や毛髪、DNA、血液などの分析、弾道、薬物化学…技術とともに犯罪捜査の手法も進化。近年ではデジタルデバイスの記録を解析するデジタル・フォレンジックの分野も発展している。

科学捜査の知名度を圧倒的に高めたのは、2000年から放送されたテレビドラマ『CSI:科学捜査班』。このドラマの爆発的なヒットにより、全米のみならず世界各国の警察に「科学捜査班」が新設されたとも言われる。

CRIME SCENE DO NOT CROSS（犯罪現場　立ち入り禁止）の黄色いテープがはりめぐらされた犯罪ドラマではおなじみのシーン。

鑑識とは、犯罪捜査で証拠資料を科学的に鑑定することである。指紋や血痕、歯形、DNAといった人体にかかわるものだけでなく、ライフリング（弾丸に回転を与えるために銃身に彫られた溝。旋条痕とも）を調べることによって、犯罪に使用された銃を特定する弾道検査の手法なども、エンタメ作品ではおなじみだろう。

18世紀、法医解剖が広くおこなわれ、死因究明の技術が発達したことで、現代の法医学の基礎が築かれた。19世紀初めには毒物検査法も開発され、1880年代に指紋による個人識別も始まった。1980年代からはDNA鑑定が発展し、コンピュータ犯罪の増加にともなって、電子機器に記録されたデジタルデータの解析（デジタル・フォレンジック）も進められるようになった。

こうした鑑識技術の進展に合わせて、アメリカでも1920年代からロサンジェルスやニューヨークといった大都市の警察に正式な犯罪科学研究所が設けられ、1932年には、連邦レベルのFBI犯罪科学研究所が設立された。

column by ♪akira ②

「CSI」シリーズの全貌とその魅力

『バッドボーイズ』等のヒットメイカー、ジェリー・ブラッカイマーが製作総指揮をつとめる大人気長寿ドラマ。以前も『Dr．刑事クインシー』や『検死医マッカラム』など研究室がベースの作品はあったが、『CSI：科学捜査班』は現場で証拠を採取し分析にあたる犯罪現場捜査官にスポットを当て世界中で大ヒットとなった。

シリーズ全てのクリエイターはTVプロデューサーで作家のアンソニー・E・ズイカー。

『CSI：科学捜査班』（2000〜2015）
リーダーは法医昆虫学者ギル・グリッソム（ウィリアム・ピーターセン）。ラスベガスが舞台のためカジノや砂漠が事件現場となることが多い。

『CSI：マイアミ』（2002〜2012）
チームを率いるホレイショ・ケイン（デヴィッド・カルーソ）の独特なキャラクターがカルト的な人気に。ギャングや麻薬がらみの事件がメインで、白衣より防弾チョッキ着用が多いアクション度高めのシリーズ。

『CSI：NY』（2004〜2013）
トリックや動機の解明に主軸を置き、謎解き要素が多い。主人公は軍を除隊後刑事から転身したマック・テイラー（ゲイリー・シニーズ）。

続くIT犯罪に特化したスピンオフ**『CSI：サイバー』**は2期で終了、復活作『CSI：ベガス』は一作目のキャラと世界観を踏襲した最新式捜査が好評を博した。

知られざる科学捜査が魅力の作品だが、中でも死体農場の登場は衝撃だった。法人類学者ビル・バスが創設、遺体の腐敗や死後損傷などを研究する施設で、パトリシア・コーンウェルの小説『死体農場』もある。

後の大スター探しも楽しい。ジェレミー・レナー、イドリス・エルバ他、ミュージシャンも多数出演。全シリーズでタイトル曲に使われたTHE WHOのロジャー・ダルトリーや、テイラー・スウィフト、ジャスティン・ビーバーは役者として登場した。

ドラマのおかげでCSI部門が創設されたラスベガス警察だが、現場分析は長時間労働で、徹底した注意を必要とする地味な仕事であり、世間のイメージとは違い未解決で終わることも多いと公式HPで苦言を呈していることも書いておく。

column

警察と検察

警察と検察のちがいは何か？　単純に言えば、警察の職務は治安維持、犯罪捜査、交通管理など、検察の職務は、犯罪の起訴、裁判での立証などである。流れとしては、「警察」が捜査で犯罪の証拠を集め、容疑者を逮捕したあと、「検察」が起訴して、刑事裁判で有罪を証明していくのだが、両者の役割が重なる部分もある。検察のほうから警察に捜査の指示を出すこともあるし、通常、検察にも捜査部門があって（日本の場合には「特別捜査部（特捜部）」）、とくに汚職や経済犯罪などの重大事件で独自に証拠収集や逮捕をおこなうのだ。警察と検察が合同の捜査チームを編成することもある。また、後述するように、韓国では一般犯罪の捜査でも検察の力が非常に強い。

アメリカの検察でかならず出てくるのが、地方検事（District Attorney、よくDAと略され、地方検事局を指すこともある）だ。郡または裁判区単位で設置、任命され、検事補（Assistant District Attorney）に補佐されながら、管轄地域内の検察活動をおこなう。DAは郡の住民の選挙で選ばれ、任期四年という州が多いようだ。

捜索令状や逮捕令状、召喚令状、保護命令などの裁判所命令を起草、取得するのも彼らの仕事である。「地方」がついていると田舎を連想するかもしれないが、当然ながらニューヨークやシカゴなどの大都市にも裁判区はあるので、「地区検事（局）」とも訳される（一例として、「マンハッタン地区検事局」）。

なお、日本語で「検察官」と「検事」はほぼ同じ意味で用いられるが、検事のほうは「検事長」、「検事正」などのように、役職を指すときにも使われる。

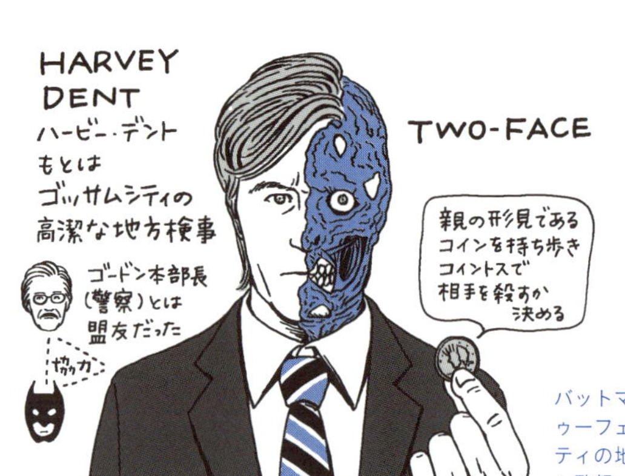

バットマンシリーズの敵役の一人「トゥーフェイス」は、もとはゴッサムシティの地方検事。映画ではC・ノーラン監督『ダークナイト』に登場。

column

司法取引と証人保護プログラム

司法取引とは、刑事事件において検察官と被疑者・被告人（およびその弁護人）が協議し、手続きの簡略化や別の事件の捜査、減刑などのために合意する制度である。

アメリカの刑事事件の90〜95パーセントは司法取引で解決すると言われるが、大きく分けてふたつのパターンがある。まず、被疑者が有罪であることを認めて（あるいは有罪は認めないが争わないという不抗争答弁をして）、引き換えに量刑を軽くしてもらうパターン。もうひとつは、薬物取引、組織犯罪、テロといった事件で、有罪は認めないものの、第三者の犯罪について情報を提供することによって減刑を求めるパターンだ。

後者はたいてい州レベルではなく、連邦レベル（つまりFBIの管轄）の犯罪になる。証言によって不利になる組織などから、証人やその家族が報復されるおそれがある場合に彼らを守るのが、証人保護プログラムである。これを適用される証人は、通常、新しい氏名と住所を与えられ、その後は別人として生活する。映画やドラマでもよく出てくる設定なので、対象者が大勢いると思いそうになるが、現実の司法取引のほとんどは、有罪を認めて減刑を求める前者のパターンである。

映画『グッド・フェローズ』は実際に証人保護プログラムを受けたマフィアの実話をもとにしている。その他『ゴッドファーザーPART II』『ザ・ソプラノズ』など、マフィアものではおなじみの題材だ。

プリズン？ ジェイル？ 何がどう違うの？
刑務所・拘置所・留置場

短期から長期まで幅広く使われるのがjail（ジェイル）

	施設	説明
JAIL	留置場	逮捕された者を留置するための警察署の施設。酔っ払いなどが収容される、いわゆる「豚箱」。
JAIL／PRISON	拘置所	起訴後に、判決が出るまで被疑者の身柄を拘束するための刑事施設。市や郡などの自治体が管轄。detention center と言われることも。
JAIL／PRISON	刑務所	裁判で有罪が確定した後に受刑者を収容、拘禁するための刑事施設。監獄。

映像作品の場合、刑務所と拘置所は見た目ではなかなか区別のつかないことが多い。

『パディントン2』の監獄のシーンが撮影されたのはアイルランドのキルメイナム刑務所（現在は博物館になっている）

いずれも刑事施設だが、まず逮捕されて入るのが警察署内の「留置場」、その後起訴されて裁判で有罪・無罪の判決が出るまで収容されるのが「拘置所」、裁判で有罪が確定したあと刑罰を受けるのが「刑務所」である（留置場だけ「〜所」ではなく「〜場」なので注意）。英語でjail（ジェイル）はこの3つすべてに使われるが、prison（プリズン）は刑務所と拘置所のみに使われるようだ。地域によってちがいはあるが、だいたいの傾向として、jailは短期の収監、市や地方自治体による運営で比較的小規模、prisonは長期の収監、州や連邦が運営する大規模な施設で、セキュリティレベルも高く、矯正・教育プログラムや職業訓練が提供される。

刑務所が舞台の映画やドラマもたくさんあるが、人気が高いのは『グリーンマイル』、『ショーシャンクの空に』、『プリズン・ブレイク』などだろうか。あまり知られていないが、『ザ・ナイト・オブ』というドラマもおもしろい。殺人容疑で逮捕された主人公が罪状認否で無罪を主張し、ニューヨーク市にあるライカーズ島の拘置所に送られる手続きも見られる※。

※ライカーズ島には拘置所も刑務所もあり、固有名詞＋Correctional Center［矯正センター］、あるいはたんに固有名詞＋Centerと呼ばれる施設が集まっている。複合施設全体は、Rikers jail［またはprison］と呼ばれる。

1

米国

映画

『アルカトラズからの脱出』(1979年)

監督：ドン・シーゲル　出演：クリント・イーストウッド、パトリック・マクグーハン

アル・カポネも収容されたことで有名な脱出不可能と言われる悪名高い刑務所から3人の囚人が脱獄した実話を元に作られた、手に汗握る脱獄サスペンス。緻密な計画を立て虎視眈々と脱獄の機会を狙う銀行強盗モリス対冷酷な刑務所長の闘いも見どころ。原作はJ・キャンベル・ブルースの未訳ノンフィクション。

ドラマ

『ザ・ナイト・オブ』

2016年、全8話　製作総指揮：スティーブン・ザイリアン　出演：リズ・アーメド、ジョン・タトゥーロ

NYに住むパキスタン系アメリカ人学生ナズは、パーティに行くため無断で父親のタクシーを利用してしまう。偶然知り合った若い女性にドラッグを勧められ一夜を共にするが、目覚めると横には彼女の惨殺死体があった。無実の訴えに人種差別や偏見が立ちはだかる。ナズの変化が痛ましい。

column

勾留と拘留

漢字も似ていて、どちらも読みは「こうりゅう」だが、意味はまったくちがう。

「勾留」は、逮捕後の被疑者または起訴後の被告の身柄を拘束する手続きで、日本の刑事訴訟法では、拘束期間は原則10日間（検察官の請求で延長可能）。その目的は、被疑者や被告の逃亡を防いだり、裁判で用いる証拠に不当な影響を及ぼさないように当人を遠ざけたりすることだ。

一方、「拘留」は裁判で有罪が決まったあとの軽い刑罰のひとつで、日本の場合には、刑事施設に1日以上30日未満収容されて、その後は釈放される。

要するに、「勾留」は裁判の判決前、「拘留」は判決後の措置である。たまにまちがえているのを目にするので、ご参考までに。

保釈保証業者

日本ではあまりなじみのない保釈金ビジネス

保釈金制度の仕組み

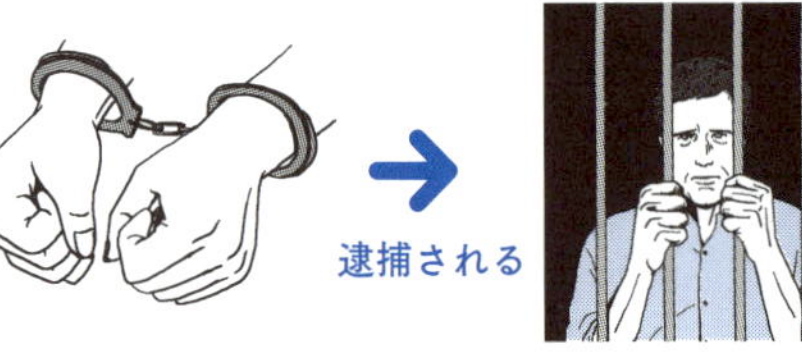

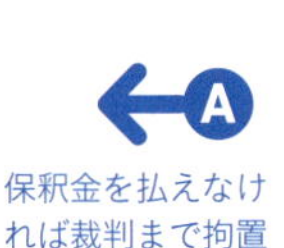

勾留中の被疑者や被告人の保釈金を一時的に立て替える業者を、「保釈保証業者（bail bondsman, bail bond agent, bond dealer）」という。アメリカではこの仕事が独自に発達して、保釈ビジネスとでも言うべき状況になっている。業者の収入は、立て替えたときの手数料だ。

被疑者が保釈後に逃げて指定日に裁判所に出頭しなかった場合、保釈金は没収されて業者の損失となるので（ただ、多くの業者は未収リスクに備えて保険契約をしている）。逃げた被疑者の身柄を確保する、いわゆるバウンティ・ハンティングが認められる州もある（身柄の拘束をともなうので、これを免許制にしたり、裁判所の令状や警察への通知を必須にしたり、逮捕に使える手段を限定するなど、規制方法は州によって大きくちがう）。

保釈保証業とバウンティ・ハンティングの会社を集めた事業団体もあるくらいだが、アメリカ法曹協会などは、この制度が社会の低・中間層に対する差別であり、公共の安全にも役立たないという立場から反対している。

映画

『ジャッキー・ブラウン』(1997年)

監督：クウェンティン・タランティーノ　出演：パム・グリアー、ロバート・デ・ニーロ

エルモア・レナード『ラム・パンチ』の映画化。脛に傷持つキャビンアテンダントのジャッキーは自分のフライトで武器商人オーデルの資金輸送をしていたが、ついにATFに捕まった。オーデルは逮捕されたジャッキーを始末するため保釈金業者チェリーに釈放を依頼する。イカしたBGMの小粋なコン・ゲーム映画。

映画

『ミッドナイト・ラン』(1988年)

監督：マーティン・ブレスト　出演：ロバート・デ・ニーロ、チャールズ・グローディン

マフィアの金庫番だったデュークが保釈中に失踪。元警官で今はバウンティハンターのジャックが彼を見つけ出すが、賞金ゲットのためには彼をニューヨークからロサンゼルスに連れて行かねばならない。マフィアの一味と別のバウンティハンターからデュークを守る珍道中で、2人の間に不思議な友情が築かれる。

DEC California
NTGUILTY
依頼人を紹介
保険金立替業者
VAL VALENZUELA
事務所がわりにしているリンカーンのナンバープレート
MICKY HALLER
勝つためには手段を選ばない異端の弁護士

映画

『リンカーン弁護士』(2011年)

監督：ブラッド・ファーマン　出演：マシュー・マコノヒー、マリサ・トメイ

マイクル・コナリーの同名小説が原作で、タイトルの由来は、主人公が高級車リンカーン・コンチネンタルを事務所として使っているため。ミッキー・ハラーは暴行容疑で起訴された裕福な不動産業者の息子に弁護を依頼されるが、調べを進めるうちに彼の有罪が濃厚になり……。後発のドラマ版と同様、異母兄弟のハリー・ボッシュは登場しない。

諜報機関

CIA 世界で一番有名なスパイ組織

警察やFBIと違って逮捕権はない

「ラングレー」といえばCIAのこと
バージニア州ラングレーにあるCIA本部。正式名称はジョージ・ブッシュ情報センター。CIA長官を務めたことのある第41代大統領ジョージ・H・W・ブッシュにちなんで命名された。

CIAを舞台にした映像作品では必ず登場するといってもいい、CIAの紋章が描かれた本部ロビーの床。

設立：1947年
本部所在地：バージニア州ラングレー
所属・管轄：大統領直属

アメリカの安全保障のために諜報活動をおこなう主要機関は、言わずと知れた「中央情報局（Central Intelligence Agency、CIA）」である。第二次世界大戦中の情報・特務機関、戦略情報局（Office of Strategic Services、OSS）を前身とし、トルーマン政権下で1947年に設立された。現在は大統領府の国家安全保障会議（National Security Council、NSC）に直属し、軍からは独立している。

CIAは独自の収集情報のみならず、連邦政府の各省庁や軍の情報機関から得られる情報も合わせて分析し、大統領と国家情報長官に報告する。だが、そもそも戦時のOSSの後継機関であり、活動の力点が情報分析より秘密工作にあったことは否めない。1970年代までは予算や作戦について議会などのチェックも入らなかったので、その傾向に歯止めはかからなかった。

たとえば冷戦期には東欧諸国や中国に、1950年代にはイランやグアテマラにさまざまな秘密工作を仕掛け、アメリカに友好的な政権を援助し、敵対的な政権の打倒を後押しした。アメリカ軍が外国に派遣されると、CIAの局員（エージェント）

インディも工作員だった？

『インディ・ジョーンズ クリスタルスカルの王国』ではインディが第二次世界大戦中、前身組織のOSSに所属していたという台詞がある。

アメリカ諜報活動の父

OSSを創設し、初代長官となったウィリアム・ドノヴァン少将。映画『グッド・シェパード』ではロバート・デ・ニーロが演じた。

イーサン・ハントが侵入？

『ミッション・インポッシブル』シリーズの第一作でイーサン・ハントが侵入するのもこのCIA本部。イーサンが所属するIMFはCIA内の架空の下部組織。

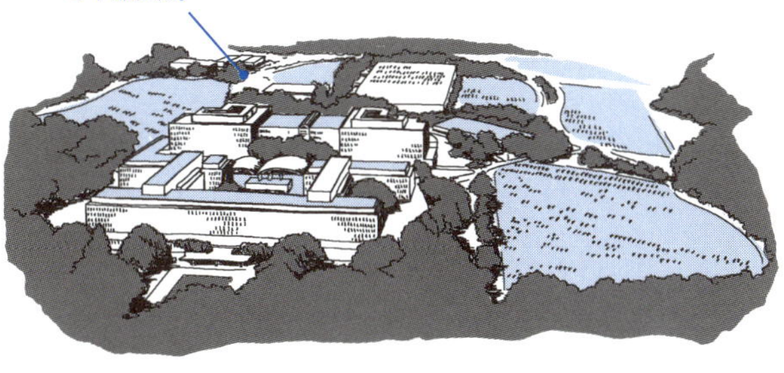

トルーマン政権下で設立

1941年　COI　情報調整局
1942年　OSS　戦略情報局
1947年　CIA　アメリカ中央情報局

は戦闘地域に潜入し、軍事情報を収集するような活動もおこなう。

こういう組織だから、時の大統領との関係は死活的に重要だ。同時多発テロのあとには、イラクの大量破壊兵器保有について局内に反対意見もあったが、結局、開戦を望んでいたホワイトハウスにおもねるかたちで保有を肯定する報告を上げた。CIAは小説や映画、ドラマでもたびたび取り上げられるが、好意的に描かれることはあまりないようだ。

映画では『ボーン・アイデンティティー』から始まるボーン・シリーズ（『ボーン・アイデンティティー』の原作はロバート・ラドラムの『暗殺者』）、在イランアメリカ大使館人質事件を扱った『アルゴ』、マーク・グリーニーの小説にもとづく『グレイマン』などでCIAがフィーチャーされる。CIA情報分析官のジャック・ライアンが活躍する小説シリーズは、映画やドラマにもなって人気を博している。

映画

『アルゴ』(2012年)

監督：ベン・アフレック　出演：ベン・アフレック、ブライアン・クランストン

実在のCIA捜査官アントニオ・J・メンデスによるノンフィクションがベースの緊張感溢れるスリラー。1979年、テヘランのアメリカ大使館が学生らに占拠された。密かに脱出しカナダ大使館に隠れた職員6人をイランから脱出させるため、メンデスはハリウッドの有名プロデューサーらを巻き込んで架空のSF映画「アルゴ」の製作をでっちあげる。

映画

『ボーン・アイデンティティー』(2002年)

監督：ダグ・リーマン　出演：マット・デイモン、フランカ・ポテンテ

原作はロバート・ラドラム『暗殺者』。瀕死の状態で漁船に助けられた男は記憶を失っていた。謎の銀行口座と複数名義のパスポートを持つ彼は何者かに命を狙われる。『ボーン・スプレマシー』(『殺戮のオデッセイ』)、『ボーン・アルティメイタム』(『最後の暗殺者』)と続きスピンオフドラマ『トレッドストーン』も作られた。

映画

『レッド・スパロー』(2018年)

監督：フランシス・ローレンス　出演：ジェニファー・ローレンス、ジョエル・エジャトン

バレリーナの夢を絶たれ、病気の母の治療のためにスパイ学校に入ったドミニカ。武術や語学で優秀な成績を収めるが、彼女の最大の武器はハニートラップだと知らされる。ロシア情報省の二重スパイをあぶり出すため、ドミニカはCIA工作員に接触するが……。原作は元CIA工作員ジェイソン・マシューズによる同名小説。

『HOMELAND/ホームランド』

2011年〜2020年、全8シーズン　製作総指揮：ハワード・ゴードン　出演：クレア・デーンズ、ダミアン・ルイス

8年前に死亡したはずの海兵隊員ブロディがアルカイダの基地で発見された。双極性障害をもつCIAの敏腕捜査官キャリーは、彼が敵に寝返りアメリカ国内でテロを計画していると疑い、違法な捜査に踏み切る。イスラエルのTVシリーズ"Prisoners of War"が元になった緊張感MAXの濃密なスパイ・スリラー。

『あの本は読まれているか』

ラーラ・プレスコット著、吉澤康子訳（創元推理文庫）

CIAで働くロシア移民の娘イリーナは、表向きはタイピストだが実は訓練を受けた有能なスパイの一人だ。彼女らに与えられた極秘任務とは、共産圏では禁書のボリス・パステルナークの小説『ドクトル・ジバゴ』をソ連の人々に届け、国家が言論の自由を奪い国民を弾圧している現状を広めることだった。

『ジャック・ライアン』

2018〜2023年、全4シーズン　製作総指揮：カールトン・キューズ　出演：ジョン・クラシンスキー、ウェンデル・ピアース

ヘリの墜落事故による怪我で海兵隊を除隊したジャック・ライアンは、英皇太子の暗殺を防いだことでCIA情報分析官となる。『レッド・オクトーバーを追え』に始まるシリーズの多くは映画化され、最新作のドラマは舞台を現代に置き換えて大ヒット。著者トム・クランシー没後の現在も原作シリーズは続行中。

映画

『コンドル』(1975年)

監督：シドニー・ポラック　出演：ロバート・レッドフォード、フェイ・ダナウェイ

CIA職員ターナーが職場に戻ると同僚たちが全員殺されていた。コードネーム"コンドル"を明かし助けを求めた本部そのものが信用できないことがわかり、命懸けの逃亡が始まる。原作はジェイムズ・グレイディ『コンドルの六日間』。暗殺者マックス・フォン・シドーが40代とは思えないいぶし銀の魅力を放つ。

映画

『バリー・シール アメリカをはめた男』(2017年)

監督：ダグ・リーマン　出演：トム・クルーズ、ドーナル・グリーソン

TWAのパイロット、バリーの操縦技術を見込んだCIAは彼に中米への偵察飛行の極秘任務を与える。作戦は順調に進むが、なんとバリーは南米の麻薬王パブロ・エスコバルからブツの輸送の仕事を引き受けることに。『ナルコス』にも登場する実在した天才パイロットの数奇な人生を時代性濃厚に映画化。

映画

『グレイマン』(2022年)

監督：アンソニー・ルッソ　出演：ライアン・ゴズリング、クリス・エヴァンス

原作はマーク・グリーニー『暗殺者グレイマン』。CIAから解雇された凄腕暗殺者ジェントリーは、民間の仕事で要人を始末したため命を狙われる。各国の暗殺者たちが独創的な方法で殺し合う殺人W杯が読みどころなのだが、映像版は敵役のキャラをだいぶ改変した結果、なぜか『コマンドー』風味の出来上がりに。

column by 松島由林 ②
マインドハンター
BRIAN
NANCY
しゃべらない 養子
妻
FBI's Behavioral Science Unit
行動科学課
お目付役
ROBERT SHEPARD
FBIアカデミー長官
GREGG SMITH
コネ採用 まじめで善良
JIM BARNEY
アトランタのFBIエージェント
BILL TENCH
行動科学課をたちあげた
ベテラン捜査官
話し上手で常識人のナイスガイ
HOLDEN FORD
事件を読みとく才能を持つが
空気は読めない。殺人犯の心理を
探ることに のめりこんでいく
WENDY CARR
犯罪心理学の教授
同性愛者だが
保守的なFBIでは
隠している
MINDHUNTER
2017－2019（Netflix）
デヴィッド・フィンチャー監督
最初に面談した
シリアルキラー
愛想が良く、一見
「普通の人」だが
会話を重ねるにつれ
怪物的な面を
見せる
FBI行動科学課が凶悪犯罪者への
インタビューを通し、プロファイリング
手法を確立する過程を描いたドラマ。
登場するシリアル・キラーは全員実在
しており、会話の内容も実際の
インタビューに基いている。
すさまじい再現度…！
俺はバカじゃねえ
バモス 今のはスペイン語
7ヶ国語しゃべれる
会話にならない
IQ70くらいだったそうです
WILLIAM PIERCE
デイモン・ヘリマンは『ワンス・アポン・ア・タイム・イン・ハリウッド』でもマンソンを演じている
相手の弱点を
すぐさま把握し、
主導権を握る
CHARLES MANSON
イスの背に座り、見下ろす
（マンソンは157CMと小柄）
自ら「サムの息子」を名乗り、マスコミに手紙を送りつけた
DAVID BERKOWITZ
卵サンド食べるか？
EDMUND KEMPER
身長206CM 体重140KGの巨漢
マネしてる？
シーズン1から
存在がチラ見え
している、現在進行中の
シリアルキラー
怖い
BTK (DENNIS RADER)
当初5シーズンを予定していたが
シーズン2で終了することが正式に
決定。BTK事件についてほとんど
描かれないまま終わってしまった。
無念です…
我々が深淵をのぞく時、深淵もまたこちらをのぞいているのだ

諜報機関

スノーデン事件で世界に衝撃を与えた NSA（国家安全保障局）

設立：1952年
所属・管轄：国防総省
本部所在地：メリーランド州フォートミード

国防総省（ペンタゴン）の情報機関として、国家安全保障局(National Security Agency、NSA)もある。おもな任務は国外情報通信の収集と分析で、CIAがおもに人間を使った諜報活動（ヒューミント）をおこなうのに対し、NSAの活動は電子機器を使った情報収集と分析（シギント）が中心となる（ヒューミント［human intelligence］、シギント［signals intelligence］のほかに、新聞・雑誌や公共機関のウェブサイトなどの公開情報を用いるオシント［open source intelligence］という諜報活動もある）。

ただ、設立後数十年間、その存在自体が秘密にされていたこともあって、活動の全容は明らかになっていない。2013年、NSAによる世界的な盗聴や通信傍受、ハッキング（エシュロンという通信傍受システムや、PRISMという監視プログラムの存在が指摘されている）を内部告発したエドワード・スノーデンは、ITエンジニアとしてCIAとNSAの両方で働いていた（そのものずばりの映画『スノーデン』がある。また、『エネミー・オブ・アメリカ』に出てくるNSAはかなりの悪者）。

諜報活動の主な種類

HUMINT（ヒューミント）
(Human Intelligence)
人的情報を使った情報収集　⇒CIA

OSINT（オシント）
(Open Source Intelligence)
メディアやウェブサイト、SNSなどの公開情報から情報収集

SIGINT（シギント）
(Signals Intelligence)
通信、電信などの傍受と分析　⇒NSA

その他IMINT(偵察衛星や航空機によって得られる画像情報)、MASINT（科学的な計測分析)などもある。

映画

『スノーデン』(2016年)

監督：オリバー・ストーン　出演：ジョセフ・ゴードン＝レヴィット、エドワード・スノーデン

アメリカのみならず世界中を震撼させた、元CIA職員エドワード・スノーデンによる2013年のNSA極秘監視プログラム内部告発事件の顛末を描く。派遣先のスイスで、NSAが一般市民を含む世界中を監視・情報収集している事実を知ったスノーデンは、危険を承知で告発に挑む。ラストではスノーデン本人が登場。

ドラマ

『グッド・ワイフ』

2001〜2016年、全7シーズン　製作総指揮：リドリー・スコット　出演：ジュリアナ・マルグリーズ、クリスティーン・バランスキー

検事の夫が不倫スキャンダルと汚職で逮捕され問題山積みの中、弁護士として復帰した主人公アリシアの奮闘を描く。シーズン5ではNSAから目をつけられた大手検索エンジン会社の依頼を受けるが、その調査に関わっていたNSA契約職員が機密漏洩の疑いで降格された案件で逆襲に転じる。スピンオフ『グッド・ファイト』も好評。

ドラマ

『CHUCK／チャック』

2007~2012年、全5シーズン　製作総指揮：ジョシュ・シュワルツ　出演：ザカリー・リーヴァイ、イヴォンヌ・ストラホフスキー

主人公チャックは家電量販店でオタク仲間とお気楽に日々を送っていたが、ある日突然国家機密が脳内にダウンロードされ、そのデータは彼の能力を超人的にアップさせることに。機密を守るため送り込まれたCIAとNSAの敏腕エージェントとのコミカルなやりとりも楽しいスパイ・コメディ。

章

英国

実は本書には
のってないのですが
イギリスといえば
やはりこの人…!
変人男性
仕事のできる
強い女ボス
と
その
部下
イギリス

警察

英国の警察の成り立ち

アングロ・サクソン時代から受け継がれてきた自警の精神

現在の警察組織が成立するまで

1350	治安官（constable）無給（治安判事の管轄）
1750	治安官（constable）有給（治安判事の管轄）
1750	ボウ・ストリート巡察隊
1829	ロンドン警視庁（スコットランド・ヤード）
1856	スコットランド自治体警察
1856	イングランド・ウェールズ自治体警察
1946	大規模統廃合で43組織に（ロンドン警察庁とロンドン市警察を含む）
2013	スコットランド警察に一本化
1350〜現在	叫喚追跡（hue and cry）の伝統

叫喚追跡（hue and cry）

住民が大声をあげながら集団となって犯人を追跡する制度。古代サクソン人の慣習が根づいたものとされる。

歴史の話を少々。イギリス警察の遠い起源は、14世紀なかばから地方統治で重要な役割を果たした「治安判事（justice of the peace）」と、その管轄下で働いた「治安官（constable）」に見ることができる。治安判事は地方の名望家（ジェントリ層）が無給で務めた官職で、司法業務だけでなく、貧民救済のような行政もおこなった。治安判事が地方統治の要となり、配下の治安官が治安維持や取り締まりの職務を拡大したのは、16世紀のテューダー朝のころ。古来、地域の平和と安全は個々の住民が守るという伝統があり、「叫喚追跡（hue and cry）」制度はそのひとつの表れだが（私人が重犯罪者を発見した場合、令状なしで住民たちが角笛を吹き喚声をあげて追跡逮捕する。この協力を怠った住民には賠償や刑罰が科せられた）、都市部の人口が増えてくると、犯罪検挙も従来の体制では間に合わなくなる。そこで1750年代には、ロンドンにイギリス初の警察組織とも言われる「ボウ・ストリート巡察隊（Bow Street Runners）」が設けられ、犯罪捜査と街頭警邏をおこなった。※

※ディケンズの『オリヴァー・ツイスト』にも、叫喚追跡とボウ・ストリート巡察隊が出てくる。

column

ヴィクトリア朝の刑務所・監獄

ヴィクトリア朝（1837〜1901年）は、産業革命を経てイギリスがもっとも発展した時代だった。ロンドンの人口は急増し、犯罪も増えて、受刑者を収監する必要から、ペントンヴィル、ワンズワース、ワームウッド・スクラブズなどの刑務所が次々と新設された。受刑者の生活環境の改善や、収監の目的を刑罰から矯正に移すような改革が進められたのもこの時期だった。

一方で、悪名高いニューゲイト監獄の外での公開処刑は1865年までおこなわれ、処刑日には大勢の見物人が集まっていた。ニューゲイト監獄の様子は、ディケンズの『大いなる遺産』や『バーナビー・ラッジ』などにも活写されている。ヴィクトリア朝のロンドンでは、近代的な刑務所制度の誕生と前時代的な処刑の慣行が同時進行していたのだ。※1

当時の監獄の変わり種として、債務者監獄なるものがある。債務を支払えなくなった人が、借金を完済するか、債権者との示談が成立するまで収容される「監獄」だが、場所によっては、債務者だけでなく（ディケンズの『リトル・ドリット』のように）家族でそのなかに住み、それまでやっていた仕事を継続したり、比較的自由に外と行き来できたりするところもあった。受刑者に経済活動を続けさせて、借金を返済しやすくするのがおもな目的だったようだ。

とくに有名だった債務者監獄はマーシャルシーとフリートで、ディケンズは12歳のときに父親の借金からマーシャルシー監獄での生活を余儀なくされ、自身は靴工場で働いた。このことがのちの作品に大きな影響を与える。※2

もうひとつ、監獄船というものもあった。もとは流刑先のアメリカへの囚人輸送船だったが、アメリカが独立すると輸送先がなくなり、係留した船自体を監獄として使う時限立法が1858年まで残ったのだ。受刑者の収監状況が劣悪だったことは想像にかたくない。この監獄船もディケンズの『大いなる遺産』に登場して、テムズ川で重要な場面を演出する。

ディケンズ原作のドラマ『リトル・ドリット』では債務者監獄の様子がわかる

※1 ニューゲイト監獄は1902年に取り壊され、跡地にロンドン中央刑事裁判所（オールド・ベイリー）が建てられた。
※2 自伝的小説『デイヴィッド・コパフィールド』で債務者監獄に入れられる楽天家のミコーバーは、ディケンズの父親がモデルと言われる。

警察

シャーロック・ホームズの時代からおなじみ
スコットランド・ヤードの登場

ロンドン警視庁＝「スコットランド・ヤード」

シティ・オブ・ロンドンを除くグレーター・ロンドンを管轄
地方警察としての機能のほか、以下の特殊業務も担当
- 国の公安にかかわる事案
- 王室の関係者・施設の警備
- 外国政府関係者・関係施設の警備

スコットランド・ヤードとは、警視庁の初代本部があった場所、グレート・スコットランド・ヤードにちなんだ通称。

19世紀末に建てられた赤レンガ造りの二代目庁舎は設計者の名にちなんで「ノーマン・ショウ・ビル」と呼ばれる。

ロゴの入った回転式の看板は映画やドラマでもよく映る。

イギリスの警察が組織的にも業務的にも本格化するのは、1829年の「首都警察法(Metropolitan Police Act)」の成立後である。これにより「ロンドン警視庁(Metropolitan Police Service)」、通称「スコットランド・ヤード」が誕生した。42年には刑事課(Detective Branch)も設置される。

やがて地方でも警察組織が整備され、19世紀なかばにはイングランドとウェールズの全域に自治体警察(地方警察)ができたが、第二次世界大戦以降に大規模な統廃合がおこなわれ、現在イングランドの自治体警察は39(ロンドン警視庁とロンドン市警察を含む)、ウェールズは4、スコットランドと北アイルランドは1である(スコットランドには8組織あったが、2013年に一本化された)。

ロンドンには金融・経済の中心地シティ・オブ・ロンドンがある。シティは歴史的にも独立性が高く、経済犯罪が多い、昼夜の人口移動が激しいといった事情もあるため、警察活動はロンドン警視庁ではなく、「ロンドン市警察(City of London Police)」がおこなう。ロンドン警視庁はシティを除くグレーター・ロンドンの警察業務に加え、国の公安関

現在の英国の警察組織

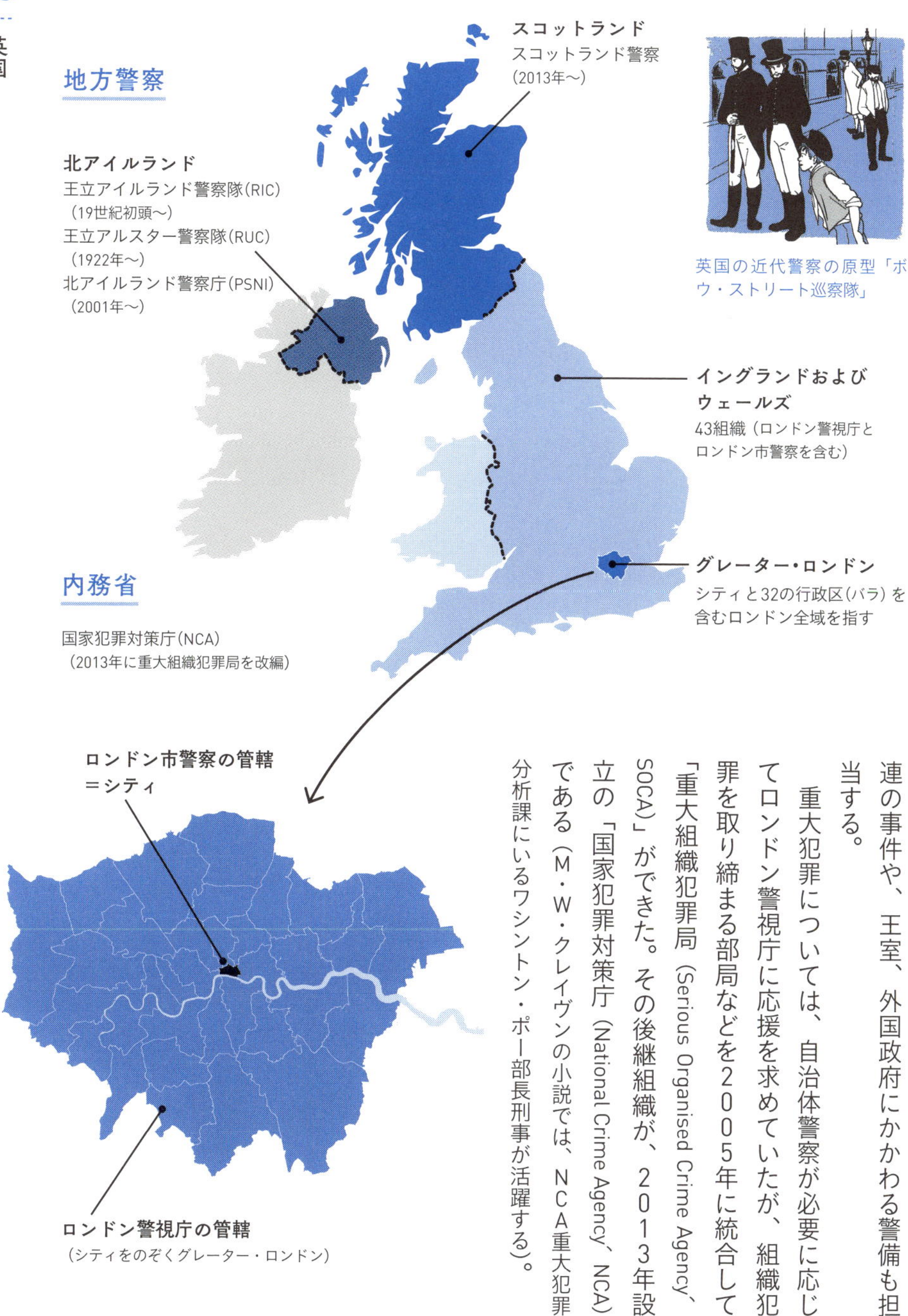

英国の近代警察の原型「ボウ・ストリート巡察隊」

連の事件や、王室、外国政府にかかわる警備も担当する。

　重大犯罪については、自治体警察が必要に応じてロンドン警視庁に応援を求めていたが、組織犯罪を取り締まる部局などを２００５年に統合して「重大組織犯罪局（Serious Organised Crime Agency、SOCA）」ができた。その後継組織が、２０１３年設立の「国家犯罪対策庁（National Crime Agency、NCA）である（M・W・クレイヴンの小説では、NCA重大犯罪分析課にいるワシントン・ポー部長刑事が活躍する）。

警察

組織と階級

アメリカの警察にはない階級もある

「ボビー」の愛称で市民に親しまれる

ロンドン警視庁を創設した内務大臣、サー・ロバート・ピールにちなんで、英国の警官は「ボビー」と呼ばれる（ボビーはロバートの愛称）。

イギリスの警察組織の図もあげておく（左図）。

ロンドン警視庁の職員数は、3万人あまりの正規警察官を含めて5万人弱。職員総数で見れば、日本の警視庁と同じくらいの規模だ。一方、ロンドン市警察は約900人の警官を含めて全体で1200人ほどである。

図では上半分が上層部（ロンドン市警察と州警察。ロンドン警視庁の階級は市警察に類似）、下半分が私服組と制服組に分かれている。上にも下にもConstable（コンスタブル）がつく階級が多いのは、治安官の名残だろう。また、ニューヨーク市警のInspector（インスペクター）は管理職だが（ロサンジェルス市警のようにInspectorがいないところもある）、イギリスでは私服の刑事にも制服警官にもInspectorがいる。

小説やドラマで人気の高いモース主任警部の階級は、英語でDetective Chief Inspector、部下のルイスは巡査から部長刑事に昇進した。また、「警視」が現場の捜査にたずさわる場合もあり、レジナルド・ヒルのアンドルー・ダルジール警視はDetective Superintendent（ディテクティブ スーパーインテンデント）、F・W・クロフツのフレンチ警部も主任警部を経て警視まで昇進した。

英国の警察組織

ロンドン市警察
City of London Police

- 警視総監 Commissioner
- 副総監 Deputy Commissioner
- 総監補 Assistant Commissioner
- 副総監補 Deputy Assistant Commissioner
- 警視長 Commander

州警察
County Police

- 警察本部長 Chief Constable
- 副本部長 Deputy Chief Constable
- 本部長補 Assistant Chief Constable

刑事（私服組）
Detective

- 主任警視（警視正） Detective Chief Superintendent
- 警視 Detective Superintendent
- 主任警部 Detective Chief Inspector
- 警部 Detective Inspector
- 部長刑事 Detective Sergeant
- 刑事 Detective Police Constable

制服組
Uniform

- 主任警視（警視正） Chief Superintendent
- 警視 Superintendent
- 主任警部 Chief Inspector
- 警部 Inspector
- 巡査部長 Sergeant
- 巡査 Police Constable

ロンドン市警察の紋章

英国の警察のバッジはどこの自治体もあまり変わらない。円を囲む帯にそれぞれの自治体の名称が入る。

真ん中の文字ER＋IIはエリザベス二世（Elizabeth the Second）を表す。RはラテンWord語でRegina［女王］を意味する。今後は現国王のチャールズ3世のものに切り替わると思われる。

組織図参考：：『ミステリマガジン』2000年7月号（上野治男／早川書房）
『アルク翻訳レッスン・シリーズ［出版翻訳］ミステリ翻訳入門』（田口俊樹著／アルク）

小説　ホーソーン&ホロヴィッツ・シリーズ

『メインテーマは殺人』

アンソニー・ホロヴィッツ著、山田蘭訳(創元推理文庫)ほか

自らの葬儀を手配した老婦人がその直後殺された。不可解な事件で幕をあける『メインテーマは殺人』を皮切りに、秘密主義で天上天下唯我独尊的元刑事ダニエル・ホーソーンと著者本人の凸凹コンビが、謎を次々と解いていく。まるでマジシャンのように真相を解いてみせるホーソーンの推理力に舌を巻きつつ、意外な大物ゲストも登場する映像業界の裏話も堪能できる、読みどころが満載の大人気シリーズ。現時点では映像化の予定はないが、2022年のインタビューでホロヴィッツは、ホーソーン役は自身が製作した『インジャスティス　～法と正義の間で～』に出演したチャーリー・クリード=マイルズ、ホロヴィッツ役はホーソーンシリーズのオーディオブックでナレーターをしているローリー・キニアの名を挙げている。常に一歩先を行くホーソーンに勝てないアンソニー・ホロヴィッツの一人称ぼやき語りがクセになる楽しい本格ミステリ。

小説　刑事ワシントン・ポー・シリーズ

『ストーン・サークルの殺人』

M・W・クレイヴン著、
東野さやか訳(ハヤカワ・ミステリ文庫)ほか

陸軍を退役後、ボディガードや保護観察官などさまざまな職業に就いたという著者M・W・クレイヴンは、大病を患い、治療を克服したのち執筆活動に専念。ワシントン・ポーのシリーズは1作目『ストーン・サークルの殺人』で英国推理作家協会賞ゴールドダガー、4作目『グレイラットの殺人』でスティールダガーを受賞。国家犯罪対策庁（NCA）の警察官ワシントン・ポーと天才分析官ティリー・ブラッドショーが挑む複雑怪奇な事件の数々は、最後の1ページまでまったく予断を許さない。そんな謎解きの魅力もさることながら、主人公2人の過去からの脱却や、お互いを理解し助け合っていく過程も読者を惹きつける。ポーの元部下で今は上司のフリン警部もチームの一員となったことでキャラクターの深みが一層増した。犯人の意外性も秀逸な、徹夜必至の一気読み推奨シリーズ。ちなみにMはマイクの略だそう。

※p 93 「column by 松島由林 ③」も参照

小説 アダム・ダルグリッシュ警視シリーズ

『死の味』（上・下）

P・D・ジェイムズ著、青木久惠訳（ハヤカワ・ミステリ文庫）ほか

P・D・ジェイムズが生んだ、スコットランド・ヤードの刑事で詩人の主人公。物静かで知識に富み思慮深いキャラクターと、彼ならではの矜持や事件に対する静かな怒りが、物語を重厚なものにしている。何度も映像化されているが、最新版で3人目のダルグリッシュ役バーティ・カーヴェルも好評につき続投。

小説 モース主任警部シリーズ

『ウッドストック行最終バス』

コリン・デクスター著、大庭忠男訳（ハヤカワ・ミステリ文庫）ほか

テムズ・バレイ警察の主任警部モースはクラシックとオペラを愛する性格に難ありの天才で部下のルイスを振り回す。作者コリン・デクスターはかたくなにモースを苗字で通したが、12作目の『死はわが隣人』でついにファーストネームを公表。ファンを大いに沸かすが、後年のオリジナルドラマ『新米刑事モース』の原題にはずばりその名前が使われた。

恋人なし！友人なし！
職場でもぼっち！

うう…

主人公ケイト・リンヴィルの
自己肯定感の低さ…！
（なんとか幸せに…）

小説 ケイト・リンヴィル・シリーズ

『裏切り』（上・下）

シャルロッテ・リンク著、浅井晶子訳（創元推理文庫）ほか

元警部の父親が惨殺され、スコットランド・ヤードの刑事ケイトは故郷ヨークシャーへと戻るが、事件の真相は彼女にとって辛いものだった。ドイツの作家シャルロッテ・リンクは『裏切り』で自己肯定感の低いケイトの孤独や焦燥感、ささやかな幸福など心の機微を細やかにすくいとった。続編『誘拐犯』も必読。

警察

スコットランドの警察

2013年に統合された比較的新しい組織

組織は基本的にイングランドの州警察に類似

警察本部長
Chief Constable

副本部長
Deputy Chief Constable

本部長補
Assistant Chief Constable

主任警視（警視正）
Chief Superintendent

主任警部
Chief Inspector

警部
Inspector

Specialist Crime Division
〔組織犯罪、テロ対策〕

シリトー・タータン※

警察車両や警官の制服によく使われる黒白の市松模様はシリトー・タータンと呼ばれる。1930年代、グラスゴー市警のパーシー・シリトーがスコットランドの伝統的な紋章の一部を帽子のデザインに取り入れ、その後海外にまで広まったとされる。

Police

※ただし厳密にはタータンチェックではないので、あくまで愛称である。

2013年、8つの地方警察と犯罪・麻薬取締局などが「スコットランド警察（Police Scotland）」に統合された。スコットランド公安委員会（Scottish Police Authority）が業務全体を監督し、警官数ではロンドン警視庁に次いでイギリスで2番目、管区の広さはイギリスで1番である。組織はイングランドの州警察に似ていて、トップは警察本部長（Chief Constable）、次いで副本部長……と続く。

エンタメの世界でスコットランド警察を代表するのは、イアン・ランキンのリーバス警部シリーズだろう。20作以上で活躍するジョン・リーバスはエジンバラ警察犯罪捜査部の警部で、部下のシボーン・クラーク部長刑事との掛け合いが愉しい。シェトランド諸島を舞台にしたアン・クリーヴスの『大鴉の啼く冬』から『水の葬送』までのシリーズでは、地元警察のペレス警部が捜査にあたる。

小説 リーバス警部シリーズ

『紐と十字架』

イアン・ランキン著、延原 泰子訳(ハヤカワ・ミステリ文庫)ほか

1987年の『紐と十字架』から現在も続くイアン・ランキンのノワール・ミステリ。主人公はエディンバラ署の刑事(のちに警部に昇格)ジョン・リーバス。血の通った人物造形と息遣いが感じられるエディンバラの描写が大きな魅力。リーバスは3人の役者に演じられ、本国ではリメイクドラマと最新作25作目が2024年に登場。

小説 刑事ハリー・マッコイ・シリーズ

『血塗られた一月』

アラン・パークス著、吉野弘人訳(ハヤカワ・ミステリ文庫)ほか

グラスゴー市警部長刑事ハリー・マッコイが主人公。複雑な過去を持ち、大物犯罪者が親友なことからしばしば窮地に陥る。ノワール作品には珍しく、腕っぷしはからきし。毎回心身ともに傷だらけになりながらも、わずかな手がかりから真相を突き止める。3作目『悪魔が唾棄する街』でMWAペイパーバック賞受賞。

ドラマ

『警部補アニカ 海上殺人捜査』

2021年〜、2シーズン　製作総指揮：アラベラ・ペイジ・クロフト　出演：ニコラ・ウォーカー、ジェイミー・シーヴェス

ノルウェー出身の警部補アニカはグラスゴー警察に新設された海上殺人捜査班(Marine Homicide Unit)のリーダーに抜擢される。タフで行動力も推理力も抜群な彼女は、私生活に悩み多きシングルマザー。頼れる刑事役といえばこの人のニコラ・ウォーカーが、視聴者に向かってモヤモヤを吐露する。

警察

英国との長く複雑な歴史を反映
北アイルランド／アイルランドの警察※

アイルランドの警察組織の歴史

19世紀　王立アイルランド警察隊（RIC）

1922年
- **北アイルランド**：王立アルスター警察隊（RUC）
- **アイルランド自由国**（1937年に国名はアイルランドに）：アイルランド治安防衛団（ガルダ）＝アイルランド警察の正式名称 →（現在）

2001年
- 北アイルランド警察庁（現在）

北アイルランド警察庁のバッジ　　アイルランド警察（ガルダ）のバッジ

真ん中には白地に赤の聖パトリック十字

伝統的なケルト十字を模したデザインで、文字はアイルランド語（ゲール語）

ご承知のとおり、アイルランド島はふたつの国に分かれている。島の北東部を占める北アイルランドはイギリス領で、プロテスタント系の住民が多い。島の残りの部分は第一次世界大戦後にイギリスから独立したアイルランド共和国で、カトリック系の住民が多い。プロテスタント側にもカトリック側にも穏健派と過激派があり（IRA［アイルランド共和軍］はカトリック系、UVF［アルスター義勇軍］はプロテスタント系の過激派組織）、北アイルランドではとくに1960年代後半から衝突や紛争が絶えなかった。

警察については、19世紀から「王立アイルランド警察隊（Royal Irish Constabulary）」が存在したが、1922年にアイルランド独立戦争が終結すると、北アイルランドに「王立アルスター警察隊（Royal Ulster Constabulary）」、アイルランド自由国に「アイルランド治安防衛団（ガルダ）」ができた。王立アルスター警察隊は2001年の警察法改正で「北アイルランド警察庁（Police Service of Northern Ireland、PSNI）」となる。

1980年代の紛争まっただなかの北アイルラ

※歴史的な経緯を鑑みて、英国の一部である北アイルランドとアイルランド（共和国）を本項であわせて扱う。

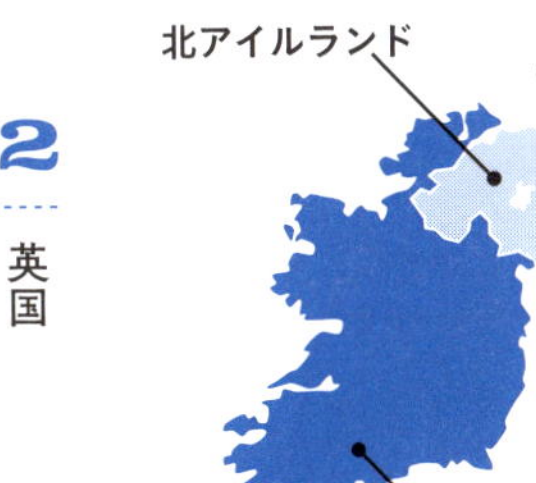

アイルランドの歴史

1919年～1921年	対英独立戦争
1922年	英連邦内の自治領「アイルランド自由国」となる。北部6県(現在の北アイルランド)は英国領にとどまる。
1949年	英連邦を正式に離脱し、共和国となる(国名は「アイルランド」のまま)

アイルランドの警官

制服や車両にはPOLICE でなくGARDA(ガルダ)の文字。特殊な部隊をのぞき基本的に銃は所持していない。

北アイルランドの警官

制服の色は暗い緑色。王立アイルランド警察隊(RIC)の制服の色を受け継いでいる。英国の他の地域とは異なり、銃を所持している。

ンドを舞台にした警察小説が、エイドリアン・マッキンティのショーン・ダフィ・シリーズだ。ヘルメットと防弾チョッキとサブマシンガンが日常装備で、警察車で出かけるときにはつねに爆弾が仕掛けられていないか確認しなければならない。ダフィは王立アルスター警察隊の巡査部長から、5作目で警部補にまで昇進している。

北アイルランド紛争の対立構造

名称	ユニオニスト ロイヤリスト(急進派)	ナショナリスト リパブリカン(急進派)
宗教	プロテスタント	カトリック
政治信条	英国への帰属を維持	アイルランド共和国への併合を希望
過激派組織	UVF(アルスター義勇軍)	IRA(アイルランド共和軍)
主な政党	民主統一党(DUP)、アルスター統一党(UUP)	シン・フェイン党、社会民主労働党(SDLP)

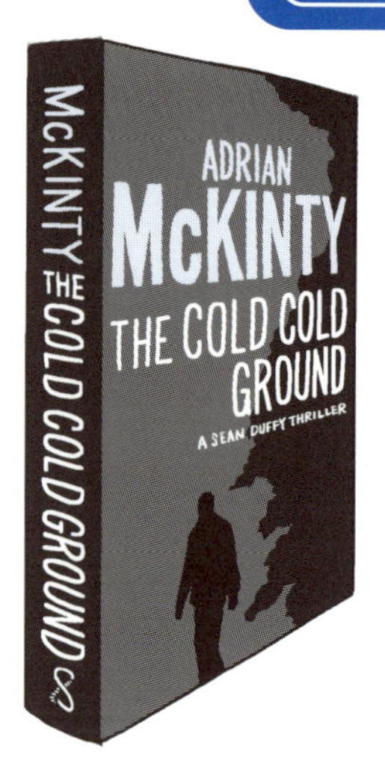

刑事ショーン・ダフィ・シリーズ

『コールド・コールド・グラウンド』ほか

エイドリアン・マッキンティ著、武藤 陽生訳(早川書房)

舞台はIRA紛争下の北アイルランド。キャリックファーガス署刑事ショーン・ダフィは真相解明のためなら組織にも対立するタフな性分。少数派のカトリック教徒でもあるため周囲との軋轢も避けられないが、飄々とやり過ごす術も持つ。エイドリアン・マッキンティの人気シリーズは、80年代の風俗小説としても読み応え抜群。

『THE FALL 警視ステラ・ギブソン』

2013〜2016年、全3シーズン　製作総指揮：アラン・キュービット　出演：ジリアン・アンダーソン、ジェイミー・ドーナン

ベルファストで女性殺害事件が起きる。捜査協力のためロンドン警視庁から来た警視ギブソンは、数ヶ月前の事件との関連性に気づくが、なぜか署内の協力が得られない。犯人が最初から判明する倒叙型のサイコサスペンスで、警視の刃物のような危うい魅力と犯人の不気味さで最後まで目が離せない。

『病理医クワーク』

2014年、全3話　監督：ジョン・アレクサンダー
出演：ガブリエル・バーン、マイケル・ガンボン

第1話の原作はジョン・バンヴィルがベンジャミン・ブラック名義で書いた『ダブリンで死んだ娘』。舞台は1950年代のダブリン。病理医クワークは出産直後の若い娘の死因に不信を抱くが、遺体は忽然と消えていた。主演のガブリエル・バーンをはじめ、キャストの多くがアイルランド出身。ロケもダブリンで行われた。

column

「です・ます」体の使い方

警察にかぎらず日本の組織では、部下は上司に対してほぼ「です・ます」体で話すと思う。しかし、とくにアメリカの作品になると、日々いっしょに働く部下と上司はファーストネームで呼び合うような関係になる。ましていろいろ厳しい状況に置かれる警察の仕事であまり丁寧なことばを使うと、リアリティが損なわれる。そこで翻訳ものでは、部下が上司に話すときに、「です・ます」を基本としつつ、ときどき「だ・である」を交ぜることが多い。たとえば、次のように——※

※デニス・ルヘインの『ミスティック・リバー』から。ショーンが部下でホワイティが上司の部長刑事。

ホワイティは言った。「車を見るか?」
「〝彼女〟と言いましたね」現場保存用の黄色いテープの下をくぐって、車のほうへ向かいながら、ショーンは言った。
「現場捜査班がグローヴボックスに登録証を見つけた。車の持ち主はキャサリン・マーカス」
「くそっ」とショーンは言った。
「知り合いか?」
「知ってるやつの娘かもしれない」
「そいつとは親しいのか?」
ショーンは首を振った。「いや、近所で見かけたら挨拶する程度です」
「本当に?」ホワイティは、今この場で事件をほかの人間の手に渡したいのかと訊いているのだった。
「ええ」とショーンは言った。「クソみたいに」

映画版『ミスティック・リバー』ではショーン(ケヴィン・ベーコン)とホワイティ(ローレンス・フィッシュバーン)は上司と部下ではなく、相棒(パートナー)という設定。

ドラマ

『第一容疑者』

1991〜2006年、全7シーズン　製作総指揮：サリー・ヘッド　出演：ヘレン・ミレン、トム・ベル

リンダ・ラ・プラント原作。女性蔑視がまかり通る組織で警視に抜擢されたジェーン・テニスン警視が、あからさまな妨害や偏見に立ち向かいながら凶悪な犯人を捕まえる。清廉潔白に王道を歩いては生き残れない。ノワール的な彼女の生き様に溜飲が下がるエポックメイキングな大傑作。前日譚ドラマや米国版もあり。

ドラマ

『ライン・オブ・デューティ』

2001年〜、6シーズン　製作総指揮：ジェド・マーキュリオ　出演：マーティン・コムストン、ヴィッキー・マクルーア

テロリスト逮捕のはずが誤って無実の人を射殺してしまい、指揮をとったスティーヴは、事件を隠蔽しようとする圧力に屈しなかったため部署を追い出され、腐敗した警察官を検挙する汚職特捜班AC-12に入る。警官の矜持を守るため命の危険に晒される主人公の苦悩を描く骨太の大ヒットドラマ。

ドラマ

『刑事フォイル』

2002〜2018年、全9シーズン　クリエイター：アンソニー・ホロヴィッツ　出演：マイケル・キッチン、ハニーサックル・ウィークス

クリエイターは今やベストセラー作家として名高いアンソニー・ホロヴィッツ。第二次大戦時、海沿いの町ヘイスティングスを舞台に、事件とその影響に真摯に取り組む実直な刑事の姿を描く。ホロヴィッツ作、ホーソーンのシリーズ『その裁きは死』では、冒頭で本ドラマの撮影シーン（42話『新たなる戦い』）が登場。

ドラマ 『ブロードチャーチ』

2013〜2017年、全3シーズン　製作総指揮：ジェーン・フェザーストーン　出演：デヴィッド・テナント、オリヴィア・コールマン

少年殺害事件は、誰もが顔見知りの小さな町に大きな波紋を投げかけた。話が進むにつれて誰もが怪しくなっていく怒涛の展開で、ITV史上最高のTV占有率を獲得。真犯人が判明する第1シーズン最終回の衝撃度は圧巻。続くシリーズごとに法廷もの、サスペンスと色合いを変えていき、犯人逮捕後も面白さが持続。

ドラマ 『新米刑事モース オックスフォード事件簿』

2012〜2023年、全9シーズン　製作総指揮：ミシェル・バック　出演：ショーン・エヴァンス、ロジャー・アラム

コリン・デクスターが生んだ天才刑事の若き日々を描いたオリジナルドラマ。青年時代のモースが、いかにもな説得力あるキャラクターで作り上げられた。バディものとしての見どころもあり、原作でおなじみのストレンジや検死医マックスの登場も嬉しい。オックスフォードでオールロケが行われた。

ドラマ 『UNFORGOTTEN 埋もれる殺意』

2015年〜、5シーズン　製作総指揮：サリー・ヘインズ　出演：ニコラ・ウォーカー、サンジーヴ・バスカー

ロンドンのビショップ署の捜査班が、偶然掘り起こされた過去の未解決事件の謎を解いていく。39年前、26年前、18年前と、シリーズごとに事件が新しくなっていく。刑事キャシーとサニーのコンビの絶妙なかけあいが楽しくて、その後のショッキングな展開にダメージを受けたファンも多いのでは。

『ハッピー・バレー 復讐の町』

2016年〜、3シーズン　製作総指揮：サリー・ウェインライト　出演：サラ・ランカシャー、ジェームズ・ノートン

ヨークシャー西部の架空の町ハッピー・バレーが舞台のハードなクライムサスペンス。巡査部長のキャサリンに衝撃が走る。娘をレイプし自殺に追い込んだ男が仮釈放されたのだ。同じ頃、小心者の会計士がほんの出来心で計画した誘拐事件が予想外の方向に転がっていた。主演サラ・ランカシャーの演技に圧倒される。

ドラマ

『ヴェラ〜信念の女警部』

2011〜2023年、13シーズン　製作総指揮：ケイト・バートレット　出演：ブレンダ・ブレシン、デヴィッド・レオン

周囲に忖度せず、超過残業や休日勤務もいとわず、生活態度もマイペース。一匹狼タイプで天才肌の主人公は、回を追うにつれ少しずつ変化していく。部屋着一歩手前のようなカジュアルな服装で快刀乱麻を断つブレンダ・ブレッシンは文句なしにはまり役。アン・クリーヴスの未訳シリーズが原作の長寿番組。

ドラマ

『ニュー・トリックス 退職デカの事件簿』

2003〜2015年、全12シーズン　製作総指揮：ナイジェル・マックレリー　出演：アマンダ・レッドマン、ジェームズ・ボラム

ロンドン警視庁に未解決事件捜査班が結成された。メンバーは左遷された過去のある女性警視と3人の引退刑事。現代の技術と過去の知識を駆使し、逃げおおせた犯人を捕まえることができるのか？良くも悪くも老人パワーに振り回される警視と三人三様の元敏腕刑事たちの活躍が楽しい、一話完結の謎解きミステリ。

ドラマ『刑事ジョン・ルーサー』

2010〜2019年、全5シーズン　製作総指揮：フィリッパ・ジャイルズ　出演：イドリス・エルバ、ルース・ウィルソン

ロンドン警視庁重罪犯罪課の刑事ジョン・ルーサーは、小児性犯罪者逮捕の際に起きた事故で謹慎となる。復帰後最初に担当した夫婦惨殺事件で、彼は生き残った一人娘に疑惑を抱くが……。凶悪犯の心理に踏みこむごとに闇を抱えていく孤高の刑事の凄絶な物語。黒すぎるプロットと謎の女アリスにハマること間違いなし。

ドラマ『ボディーガード 守るべきもの』

2018年〜、1シーズン　製作総指揮：ジェド・マーキュリオ　出演：リチャード・マッデン、キーリー・ホーズ

テロを未然に防いだ功績により、強硬派の内務大臣の警備を任された元軍人の警官デヴィッド・バッドが主人公。制約の多い要人警護のプレッシャーで神経をすり減らす彼に忍び寄る影。やがてバッドの行動は疑われ始める。主演リチャード・マッデンのスコティッシュアクセントがセクシーだと話題に。

ドラマ『THE BAY 空白の一夜』

2019年〜、4シーズン　製作総指揮：キャサリン・オールドフィールド　出演：モーヴェン・クリスティ、ジョナス・アームストロング

海辺の小さな町で双子の高校生が失踪した。被害者家族のサポート役になった巡査部長リサは父親を見て愕然とする。羽目を外して飲みすぎた前夜、関係を持ってしまった相手だったのだ。父親のアリバイを証明すれば自分の立場が危うい。崖っぷちで捜査にあたるシングルマザー刑事の焦燥がリアルな謎解きドラマ。

『ウィッチャーの事件簿』

2011〜2014年、全4話　製作総指揮：マーク・レッドヘッド　出演：パディ・コンシダイン、ピーター・キャパルディ

1860年、カントリーハウスから3歳の男児が消えた。必死の捜索も虚しく、翌日惨殺死体が発見される。スコットランドヤード初の警部ウィッチャーは真相に辿り着けるのか？　原作は実際の事件を題材にしたケイト・サマースケイル『最初の刑事——ウィッチャー警部とロード・ヒル・ハウス殺人事件』。

column

モジュラー型警察小説

複数の事件の捜査が同時に進行するタイプの警察小説を「モジュラー型」と言う。あまり事件が増えすぎると読者も混乱するが、うまくいくと適度に場面転換が入り、最初は関係なさそうに見えた事件同士のつながりが明らかになるといった驚きも生まれる。そもそも警察の捜査をリアルに描こうとすればモジュラー型になるとも言える（ひとりの刑事がひとつの事件をじっくり捜査するなら、警察小説というより私立探偵小説に近い）。

このモジュラー型の名手が、フロスト警部シリーズのR・D・ウィングフィールドだ。イギリスの架空の地方都市デントンの警察署に勤める少々下品なジャック・フロスト警部が、相次ぐ事件に振りまわされながらも、ギャグ満載で解決に近づいていく。

その他モジュラー型作品の例

【小説】
J・J・マリック著　ギデオン警視シリーズ
（邦訳はすべて絶版。モジュラー型ミステリの先駆けといわれている）
イアン・ランキン著　リーバス警部シリーズ(⇒p.70–71)
エド・マクベイン著　87分署シリーズ(『魔術』『殺意の楔』など)(⇒P13, 15)
マイクル・コナリー著　ハリー・ボッシュシリーズ『レイトショー』『訣別』など(⇒p.16)
【ドラマ】
『ホミサイド／殺人捜査課』(⇒p.20)
『NYPDブルー』(1993-2005年)

column by ♪akira ③

映画・ドラマの聖地巡礼

お気に入りのドラマや映画の聖地巡礼は楽しい。今は各国でファンサイトも多数あり、海外でも短い滞在期間で数をこなすのに大変便利だ。

特にロンドンは公共交通機関と徒歩でまわれる場所が多いので初心者にもオススメだ。スコットランド・ヤード、ダウニング街10番地、バッキンガム宮殿、大英博物館など枚挙に暇がない。ほとんどの映像作品は外観のみ使用しているので、外からでもじゅうぶん楽しめるはずだ。特にスパイものがお好きな方に絶対外せないのが、ヴォクソール・ブリッジから見えるド派手な緑と白の建物。007映画『スカイフォール』でターゲットとなったMI6（SIS）本部だ。テムズ川を挟んで反対側、ランベス・ブリッジ寄りにあるMI5本部も同じく押さえておきたい。

『モース主任警部』シリーズのファンなら、日帰りでオックスフォードをぜひ訪問してほしい。著者デクスターがカメオで登場する初期シリーズからスピンオフまで、すべて現地ロケが行われた。各カレッジやランドルフ・ホテルなど多くの場所が徒歩でまわれる。ドラマ人気が高じ、かつては観光名所の一つにThe Oxford Storyという室内ライドまで存在した。学校机型の乗り物でモース主任警部を含むオックスフォードの歴史が見渡せるというアトラクションで2007年に閉館。

ハワイ観光庁強力バックアップの『Hawaii Five-0』は捜査本部としてハワイ州最高裁判所の外観を使用したほか、ホテルや店舗がそのままロケ地となり、ドラマが観光ガイドの役割も果たしていた。

LAが舞台のマイクル・コナリーの原作は90年代から始まっているが、現代の設定にしたドラマ『BOSCH』は同じくレストランやカフェなどを実際のままで登場させている。ロサンゼルス市公式認定の観光サイトにあるThe Ultimate Guide to "Bosch" Locations in LAは読むだけでも楽しい。なお街が見おろせるボッシュの家は、95年の映画『ヒート』でデ・ニーロ演じるニールの恋人イーディの自宅として使われていた。

諜報機関

現存する諜報機関としては世界最古 MI6

正式名称はSIS = Secret Intelligence Service

映画にもよく登場するSISビル

テムズ川のほとりに立つSISの本部ビル。映画『007／スカイフォール』では爆破されて崩壊する。マヤ神殿などを思わせる建物はいわゆるポスト・モダン建築で、あだ名は「テムズ川のバビロン」。

007シリーズの原作者もMI6に所属

ジェームズ・ボンドのモデルとされる人物は数多いが、第二次大戦中にMI6で勤務していた原作者、イアン・フレミングもその一人であることは間違いない。

設立：1909年
所属・管轄：外務・英連邦・開発省
本部所在地：ロンドン、ヴォクソール

イギリスの諜報組織である「秘密情報部(Secret Intelligence Service)」ができたのは1907年。第一次世界大戦中に戦争省情報部に統合され、第二次世界大戦を経て、MI6(Military Intelligence Section 6、軍事情報部第6課)の呼び名が定着した。言うまでもなく、イアン・フレミングが生み出した007、ジェームズ・ボンドの所属組織である。MI6で働く諜報員(「情報部員」とも)の多くは家柄も立派で高学歴のエリートである。オックスフォード大学やケンブリッジ大学の在学中に、担当教授から「ちょっとお茶でも」と誘われ、そこからMI6の就職面接につながったりもする。

歴史も実績もある諜報機関だが、スキャンダルと無縁だったわけではない。なかでも大きかったのは、1950年代にソ連への協力が発覚したケンブリッジ大学出身の5人組、いわゆる「ケンブリッジ・ファイブ」の暗躍だろう。とくに、次期長官とまで噂されていた幹部キム・フィルビーが二重スパイであったことを認めてソ連に亡命した事件は、MI6を越えて社会全体に衝撃を与えた。

ケンブリッジ・ファイブ

第二次大戦中から1950年代にかけて、英国の機密情報をソ連に漏洩し続けたケンブリッジ大学出身の英国人スパイ網。冷戦下の世界を震撼させた事件を扱ったエンタメは枚挙にいとまがない。

ガイ・バージェス

映画『アナザー・カントリー』の主人公ガイ・ベネットのモデル。学生時代からキム・フィルビーの親しい友人だった。外務省に勤務していたが、素行はきわめて悪く、1951年にソ連に亡命、その後モスクワで没。

アンソニー・ブラント

ナイトの称号も得た王室付きの美術鑑定官。1964年にスパイ活動の自白と引き換えに刑事訴追を免責された。Netflixのドラマ『ザ・クラウン』S3では、発覚の経緯や王室が自白後もブラントを役職にとどめた理由などを描いている。

キム・フィルビー

在学中に共産主義に傾倒、ソ連にリクルートされる。MI6に入局し長官候補にまで上り詰める一方、第二次大戦前からソ連のスパイとして活動。マクリーンとバージェスを誘い入れたのも彼だった。1963年にソ連に亡命。ル・カレ『ティンカー、テイラー、ソルジャー、スパイ』、一時期フィルビーの部下だったグリーンの『ヒューマン・ファクター』等の題材になったほか、評伝をもとにドラマ『亡国のスパイ』が制作された。

ドナルド・マクリーン

外務省に勤務、米仏外交官から得た情報をソ連に流し続け、1951年、ガイ・バージェスとともにフランスからチェコ経由でソ連に亡命した。映画『アナザー・カントリー』主演のルパート・エヴェレットの大叔父にあたる。

ジョン・ケアンクロス

MI6に勤務し、第二次大戦中にブレッチリー・パークで暗号解読に携わり、その情報をソ連に流していたが、証拠不十分で訴追されることはなかった。映画『イミテーション・ゲーム』では『ダウントン・アビー』のブランソン役で知られるジョン・リーチがケアンクロスを演じた。

諜報機関

MI6とMI5

MI5は国内、MI6は国外を管轄

MI5の正式名称はSecurity Service（SS）

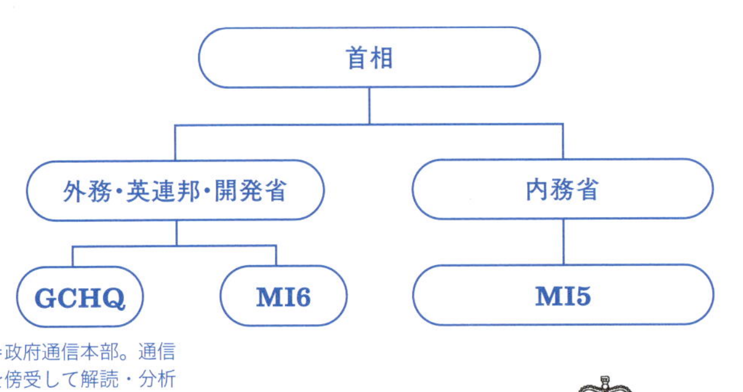

＝政府通信本部。通信を傍受して解読・分析する機関で、アメリカのNSAに当たる。

設立：1909年
所属・管轄：内務省
本部所在地：ロンドン、ウェストミンスター

MI1からMI4はどこへ行ったの？

二つの大戦を通じて、英国陸軍省にはMI1に始まる17の軍事諜報(Military Intelligence)部門があった。その後MI5とMI6以外の課は廃止されたが、この二つは呼び名として残った。なお、現在はいずれも軍とのつながりはない。

MI6は外務・英連邦・開発省の管轄で、スパイは表向き各国大使館の書記官などとして働くことが多い。一方、同じ諜報機関でも通称MI5（Military Intelligence Section 5）の「保安局(Security Service)」は内務省の管轄で、国家機密の漏洩防止などの防諜活動にたずさわる。IRA（アイルランド共和軍）や個人犯による国内テロへの対策もMI5が主導的におこなってきた。MI5内で窓際部署に追いやられた曰くつきの主人公たちが活躍するのが、ミック・ヘロンの『窓際のスパイ』だ。ドラマ化もされている（⇒p87）

単純に言えば、国外がMI6、国内がMI5の担当ということになるが、MI6が上流階級のエリート集団であるのに対して、MI5は現場の活動から出世してきた叩き上げの職員が多く、両機関のあいだには昔から対抗意識と不信感がある。たとえば、MI6内に二重スパイがいることが発覚すると、国内問題なのでMI5が調査をおこなうが、日頃気取って偉そうなMI6の連中を懲らしめるチャンス（?）とばかりに、MI5の職員は張りきるのである。

MI5とMI6にまつわるTOPICS

エリザベス1世のスパイ・マスター

テューダー朝のエリザベス1世に仕え、国務大臣も務めたフランシス・ウォルシンガムが編成した秘密情報機関がMI5/MI6の起源とされる。映画『エリザベス』と続編『エリザベス：ゴールデン・エイジ』ではジェフリー・ラッシュ演じるウォルシンガムが物語上でも重要な役割を果たす。

007シリーズの「M」のモデル

MI6の初代長官、マンスフィールド・スミス＝カミングは手紙の最後にイニシャルのCで署名するのが習慣で、そこから長官のことを「C」と呼ぶようになった。007シリーズのボンドの上司「M」はこれをヒントにしたもの。映画『007』シリーズで唯一女性の「M」を演じたジュディ・デンチは、『007 ゴールデンアイ』(1995年) から『007 スカイフォール』(2012年)まで7作に登場。

MI5の本部テムズ・ハウス

ロンドンのテムズ川沿いに立つMI5の本部は、グレードⅡの指定建造物に入っている。ドラマ『MI-5 英国機密諜報部』では、当初フリー・メイソンの本部の建物がテムズ・ハウスの設定で使用されていた。『窓際のスパイ』では、MI5の本部はリージェント・パークにあるという設定になっている。

暗号解読拠点「ブレッチリー・パーク」

第一次大戦後から1946年まで政府の暗号学校が置かれていた場所で、エニグマ暗号機の解読もここで行われた。ロンドン北西部バッキンガムシャーにあり、数学者、チェスプレイヤー、言語学者などの人材が英国中から集められた。映画『イミテーション・ゲーム』の主な舞台ともなっている。

『イミテーション・ゲーム』(2014年)

監督：モルテン・ティルドゥム　出演：ベネディクト・カンバーバッチ、キーラ・ナイトレイ

アンドルー・ホッジスのノンフィクション『エニグマ　アラン・チューリング伝』を元に、第二次大戦中、解読不可能と言われたドイツの暗号機械エニグマの解読に成功した天才数学者チューリングの生涯を描いた伝記ドラマ。同性愛の罪で有罪となった彼の死から59年後、エリザベス女王から恩赦が与えられた。

『国際諜報局』(1965年)

監督：シドニー・J・フューリー　出演：マイケル・ケイン、ナイジェル・グリーン

原作はレン・デイトン『イプクレス・ファイル』。著名な科学者の誘拐事件が起きる。陸軍から英国情報部に引き抜かれたパーマーは調査を進めていくうちに、情報部に内通者がいることを確信する。有能だが冷めたような態度の主人公と、全編に漂う気だるい雰囲気が異彩を放つ。主人公ハリー・パーマーはスウィンギング60sのカルチャーアイコンとなった。

映画

『アナザー・カントリー』(1984年)

監督：マレク・カニエフスカ　出演：ルパート・エヴェレット、コリン・ファース

ジュリアン・ミッチェルの舞台劇を映画化。英国で最も規律の厳しいパブリックスクール、イートン校の生徒がいかにして祖国を裏切りソ連のスパイとなったかを、モスクワ在住の老人の回想で描く青春映画。主人公ガイのモデルは英国に最も衝撃を与えたスパイ、ケンブリッジ・ファイブの一人ガイ・バージェス。

ドラマ『MI5 英国機密諜報部』

2002〜2011年、全10シーズン　製作総指揮：サイモン・クロフォード・コリンズ　出演：マシュー・マクファディン、キーリー・ホーズ

007で有名なMI6と比べ、国内での諜報活動の監視や海外要人の警護など地味な印象の強かった組織だが、本作ではその地道な努力と危険性が緊張感たっぷりに描かれる。局員たちの日常生活への影響まで晒け出し、本国で大人気を博したシリーズ。2015年にはキット・ハリントン主演の映画版が公開。

ドラマ『窓際のスパイ』

2022年〜、4シーズン　製作総指揮：グレアム・ヨスト　出演：ゲイリー・オールドマン、ジャック・ロウデン

原作はミック・ヘロンの＜スラウハウス＞シリーズ。MI5で不祥事を起こした職員の吹き溜まり、その名も＜泥沼の家＞。訓練中のミスのせいで＜泥沼の家＞行きとなったカートライトは、酒飲みでだらしなく清潔感皆無のがんこ老人ラムの下で働くことに絶望しかなかったが……。落ちこぼれチームのまさかの活躍を描く痛快ドラマ。

ドラマ『キリング・イヴ』

2018〜2022年、全4シーズン　製作総指揮：サリー・ウッドワード・ジェントル　出演：ジョディ・カマー、サンドラ・オー

『フリーバッグ』のフィービー・ウォーラー＝ブリッジによる新感覚スパイスリラー。謎の組織トゥエルヴのスーパー暗殺者ヴィラネルとMI5捜査官のイヴ。追われる者と追う者だったはずの2人の間に湧き上がった感情は、周囲を巻きこんで予想外の展開を見せていく。ヴィラネルの個性的な衣装も見もの。原作はルーク・ジェニングスの同名小説。

ジョン・ル・カレの世界

リアルな諜報の世界を描き続けたスパイ小説の巨匠

大学時代から諜報活動に協力し、その後MI5、MI6を経験

ジョン・ル・カレ（1931-2020）

本名デイヴィッド・コーンウェル。英国ドーセット州生まれ。
1961年に作家デビュー、『寒い国から帰ってきたスパイ』（1963年）が世界的ベストセラーとなる。
映画『裏切りのサーカス』の原作『ティンカー・テイラー、ソルジャー、スパイ』をはじめ、晩年にいたるまで精力的に作品を発表し、アメリカ探偵作家クラブ賞、英推理作家協会賞など数々の賞を受賞した。2020年に89歳で死去。

スパイ小説の巨匠と呼ばれるジョン・ル・カレだが、自身が諜報機関で働いていたことは晩年まで公式に認めなかった。幼少期から母親は不在、父親は本物の詐欺師だった（公共機関などをカモにした大がかりな詐欺を仕掛け、各国で逮捕、収監された。父親との生活については、自伝的小説『パーフェクト・スパイ』や回想録『地下道の鳩』にくわしい）。ドイツ文学に傾倒し、オックスフォード大学時代からMI5の下働きをしていたが、大学卒業後の数年はイートン校で教鞭をとった。そしてMI5に就職したのちMI6に転属し、西ドイツのボンの大使館やハンブルクの領事館で働く（当時は東西ドイツの時代。イギリスの諜報活動にドイツ語は欠かせなかった。ル・カレ［本名デイヴィッド・コーンウェル］が異色の経歴ながら重用されたのは、ドイツ語の高い能力を買われてのことだったと思われる。動画でも確認できるが、ドイツ語とフランス語はネイティブ並みに話せた）。

MI6時代に本格的に小説を書きはじめ、ベルリンの壁建設の2年後に発表した3作目の『寒い国から帰ってきたスパイ』が世界的なベストセラーになって、作家専業となった。代表作は、元諜

2
英国

「もぐら」「ハニートラップ」の生みの親？

潜伏スパイを指す「もぐら（mole）」や、性的な罠で機密情報を引き出す「ハニートラップ」といった用語は、ル・カレが小説内で使って広まった。

父親は詐欺師

天才的な詐欺師でもあった父親ロニーはル・カレの人生に大きな影響を与えた。父との確執は『パーフェクト・スパイ』や回想録『地下道の鳩』にも描かれている。

2023年にドキュメンタリー映画化

ドイツとの深いつながり

16歳で名門パブリックスクールを逃げ出してスイス・ベルンの大学に進む。その後オックスフォードでドイツ文学を学び、外交官としてドイツの大使館などに赴任。

ブレグジットに反発、アイルランド人として死去

英国のEU離脱に幻滅してアイルランド国籍を取得、「アイルランド人として」死んだことが没後明らかになった。

報員のジョージ・スマイリーがＭＩ６に呼び戻されて活躍する「スマイリー3部作」（『ティンカー、テイラー、ソルジャー、スパイ』、『スクールボーイ閣下』、『スマイリーと仲間たち』）。冷戦の終結でスパイ小説は死んだと言われたが、その後も『ナイロビの蜂』や『繊細な真実』など、おもに強大な組織と個人の対立を中心にすえたストーリーで数々のベストセラーを生み出した。

ベルリンの壁やパレスチナ問題、ブレグジットなど、そのときどきの世界情勢をいち早く作品に取り入れる手腕も確かで、後年には、スマイリー3部作の重要な脇役だったギラムを主人公にして『寒い国』と『ティンカー』をいわば裏から書き直した『スパイたちの遺産』を発表した。2020年没（三男のニック・ハーカウェイも作家、『世界が終わってしまったあとの世界で』、『エンジェルメイカー』が邦訳されているが、2024年、父ル・カレのスマイリー・シリーズを引き継いでKarla's Choiceを書いたという一報が届いている）。

映画『裏切りのサーカス』(2011年)

監督：トーマス・アルフレッドソン　出演：ゲイリー・オールドマン、コリン・ファース

冷戦下の70年代、MI6の作戦の失敗は上層部に潜むソ連のスパイが原因だった。引退したスパイのスマイリーは内通者を暴くため再び任務に就く。人物やプロットの改変はあるが、当時の空気感を見事に再現した映像化。ル・カレの絶妙な原作タイトル『ティンカー、テイラー、ソルジャー、スパイ』が邦題で使われなかったのが惜しい。

ドラマ『ナイト・マネジャー』

2016年〜、1シーズン　製作総指揮：スザンネ・ビア　出演：トム・ヒドルストン、ヒュー・ローリー

カイロの一流ホテルで起きた事件で、夜間支配人ジョナサン・パインは大切な人を失った。英国情報部の独立部署の依頼で、かつて軍人だった彼は事件の元凶である大物武器商人ローパーのもとに潜入捜査をすることになる。著者承認の上ではあったが、結末の改変については放映終了後に物議を醸した。

映画『誰よりも狙われた男』(2014年)

監督：アントン・コービン　出演：フィリップ・シーモア・ホフマン、レイチェル・マクアダムス

舞台はハンブルク。イスラム過激派として指名手配されていた男が密入国してきた。早速調査を始めた諜報機関のバッハマンは、男が人権団体の弁護士アナベルと接触していたことを突き止める。スパイの非情な世界が容赦無く描かれた作品で、フィリップ・シーモア・ホフマンの最後の主演作品となった。

column

スパイ出身の作家たち

MI6で働いた経験を持つ小説家が多いのも興味深い傾向だ。イアン・フレミングのほか、サマセット・モーム、グレアム・グリーン、ジョン・ル・カレと錚々（そうそう）たる作家が並ぶ。もとより知的水準の高いエリート集団であるうえ、外国での勤務や任務の経験も豊富で、スパイという職業柄、人間観察が仕事の一部であることなどが、創作活動に向いているのかもしれない。キム・フィルビーの二重スパイ事件に触発されて、グレアム・グリーンは『ヒューマン・ファクター』を、ジョン・ル・カレは『ティンカー、テイラー、ソルジャー、スパイ』を書いた。

『ツバメ号とアマゾン号』シリーズを書いた作家アーサー・ランサムも、第一次世界大戦前から戦後にかけてロシアで記者として働き、MI6の正式な部員ではないものの、ボリシェヴィキに関する貴重な情報提供者になっていた。一方、MI5からは、ソ連のスパイではないかと疑われていたようだ。

ロンドンのヴォクソールにあるMI6本部のビルは、007シリーズでもおなじみの独特な外観の建物だ。もちろんル・カレの作品にも、組織名を伏せたうえで出てくるが、『ティンカー……』を原作とした映画『裏切りのサーカス』では、現在のビルに移転するまえの組織がシックに描かれている。※

グレアム・グリーン
(1904-1991)
代表作『第三の男』『ヒューマン・ファクター』『情事の終り』
映像化されている作品も多い

サマセット・モーム
(1874-1965)
代表作『月と六ペンス』『人間の絆』
MI6での勤務経験を活かし『英国諜報員 アシェンデン』を執筆

アーサー・ランサム
(1884-1967)
代表作『ツバメ号とアマゾン号』シリーズ
ジャーナリスト、ロシア特派員として働いていた時代に情報収集に協力

※ル・カレはもといた組織を書く際に非常に慎重で、MI6やMI5という呼称は決して使わなかった。MI6を指すときには、フィクションの本部の所在地とされる「ケンブリッジ・サーカス」（あるいはたんに「サーカス」）や「サービス」、MI5は「姉妹組織」と呼んだ。

column
agent（エージェント）について

agentの訳し方はむずかしい。この単語が指す人々の範囲が広く、すべてにすっきりと当てまる日本語がないからだ。

FBIのagentなら「捜査官」だし、CIAなら「諜報員」、MI6なら「（情報）部員」が使えるだろう（CIAやMI6の場合には、「スパイ」や「エージェント」も）。破壊活動や暗殺をするagentなら、「工作員」としてもいい。

しかし、こうした組織の正式な職員だけでなく、彼らの下で働く情報屋（垂れこみ屋）やただの運搬係のような人もagentと呼ばれる（とくにイギリスで）。こういう人たちは、ふだんは別のことをしていて、出番があるときだけ（たとえば、諜報機関に売りこめる情報が得られたときや、諜報員から使い走りを頼まれたときだけ）活動する。ふだんは一般人として生活しているので、「スパイ」とか「エージェント」という訳語はしっくりこない。結局、役割に応じて「情報提供者」、「運び屋」などとしたり、もっと一般的に「要員」と訳したりする。

column
二重スパイ（ダブル・エージェント）の大敵

二重スパイとは、ある諜報機関で働きながら、敵対する諜報機関に裏で協力しているスパイを指す。たとえば、ソ連KGBのオレーク・ゴルジエフスキー大佐は、北欧、モスクワ、イギリスで勤務し、1985年にKGBロンドン支局長にまで昇進したが、長年MI6にソ連の機密情報を流して協力していた。

MI6のほうはゴルジエフスキーに、機密ではあるけれど致命的に重要ではない情報を与え、彼のKGB内での昇進に貢献した。ゴルジエフスキーの地位が高くなればなるほど、西側にとって貴重な情報が得られるからだ。

二重スパイにとっていちばん危険なのは、相手側の二重スパイだ。ゴルジエフスキーの場合、CIAの二重スパイ（つまりKGBに協力していた）オルドリッチ・エイムズから、その活動がソ連側に知らされ、裏切りの疑いでモスクワに呼び戻されて尋問を受けた。MI6は何年もまえから、こうなった場合の彼の救出作戦を立てており（情報部内では「ピムリコ作戦」と呼ばれていた）、さっそくKGBの監視網をかいくぐってゴルジエフスキーをモスクワからフィンランド、ノルウェー経由でロンドンに移送し、亡命させたのだった。

西側への長年の協力者を救い出したのは、人道的な配慮というより、ゴルジエフスキーからどのような情報が西側にもれていたのか（つまりMI6の対ソ諜報活動の主要部分）をKGBに知られたくないという実利的な理由があった。

まだ映像化されておらず、キャラクター、ポーの家はあくまでイメージです(それぞれの心にそれぞれのティリーを!

諜報機関

冷戦時代の〝敵〟KGB（ソ連国家保安委員会）

ロシア革命後に設立された秘密警察「チェーカー」が起源

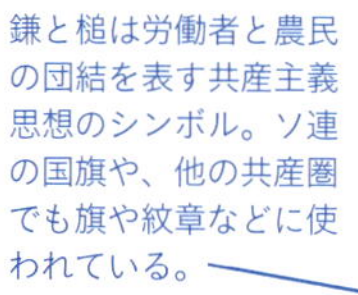
鎌と槌は労働者と農民の団結を表す共産主義思想のシンボル。ソ連の国旗や、他の共産圏でも旗や紋章などに使われている。

プーチン大統領も在籍

少年時代からKGBに憧れ、大学卒業後の1975年より5年間勤務していた。

設立：1954年
管轄・所属：共産党中央委員会
本部所在地：モスクワ、ルビヤンカ
解体：1991年

ルビヤンカ

モスクワのルビヤンカ広場に建つKGB本部。当時は刑務所としても利用され、拷問などもおこなわれていた。

東西冷戦時代、東側のラスボスは「ソ連国家保安委員会（KGB）」だった。KGBは国内外の諜報にたずさわるだけでなく、破壊活動や反ソ活動の取り締まり、ソ連軍内での防諜業務、国境警備、要人警護など、西側ならいくつもの機関に振り分けられるような任務と権限を一手に握っていた（職員は軍人であり、階級も軍に準じる）。KGB出身の有力者も多く、KGB議長からソ連共産党中央委員会書記長になったユーリ・アンドロポフのほか、現ロシア大統領のウラジーミル・プーチンもかつてKGBの対外諜報員だった。

組織の起源はロシア革命直後にできた「チェーカー」で、改組を経てスターリン政権下で「ソ連内務人民委員部（NKVD）」となり、秘密警察として反革命分子の粛清にあたった。第二次世界大戦後、NKVDは一度内務省に統合されるが、1954年に独立してKGBになった。

ソ連崩壊にともない、KGBは複数の組織に分かれた。諜報活動はロシア連邦保安庁（FSB）とロシア対外情報庁（SVR）に移管されている。

映画

『コードネーム U.N.C.L.E.』(2015年)

監督：ガイ・リッチー　出演：ヘンリー・カヴィル、アーミー・ハマー

60年代の人気ドラマ『0011：ナポレオン・ソロ』のリメイク。オリジナルは架空のスパイ組織U.N.C.L.E.(United Network Command for Law and Enforcement)のエージェント2人が主人公だったが、本作では相棒イリヤをKGB所属とし、半目しあいながらも共同で任務にあたる設定に改変。軽妙洒脱なスパイアクション。

ドラマ

『ザ・ゲーム』

2014年、全6話　製作総指揮：トビー・ウィットハウス
出演：トム・ヒューズ、ブライアン・コックス"

米ソ冷戦の真っ只中、KGB幹部マリノフが英国への亡命と引き換えに、ソ連の極秘情報<ガラス作戦>を暴露した。すでに英国内に潜伏する工作員たちに指示が出たことがわかり、MI5は暗号名”ダディ”率いる極秘チームで作戦の全貌を明らかにすべく奔走する。暗い色調の画面が諜報活動の非情さをより醸し出す。

column

シュタージ

もうひとつ東側でよく登場するのが、ドイツ民主共和国(東ドイツ)の秘密警察・諜報機関の総元締めだった国家保安省、通称「シュタージ」だ。東ドイツの国民生活の監視が主たる業務で、集められた膨大な情報はアーカイヴ化され、現在もベルリン市内に保管されている。

シュタージの登場する作品としては、映画『善き人のためのソナタ』(2006年⇒)や『東ベルリンから来た女』(2012年)などを参照されたい。

ユダヤ人国家イスラエルを守るために設立された諜報機関
モサド（イスラエル諜報特務庁）

モサド（Mossad）とはヘブライ語正式名称の一部

ユダヤ教のシンボルのひとつであるメノラー（燭台）

設立：1949年
所属・管轄：首相直属
本部所在地：テル・アビブ

ナチスの戦犯を拉致

1960年、モサドは南米アルゼンチンに潜んでいたナチスの戦犯アドルフ・アイヒマンを捕らえ、イスラエルで裁判にかけた。

サイアニム

世界各地のユダヤ人社会に存在する協力者。志願して登録する要員で、必要に応じて工作員を支援する。

スパイについて語るなら、イスラエルの対外諜報機関モサドをはずすわけにはいかない。1949年、複数の組織に分かれていた諜報機能を「諜報保安集中調整庁」に集めたのが起源で、当初は首相府と外務省の管轄だったが、「諜報特務庁」に改名するとともに首相府直属となった。組織の活動を規制する法律が存在しないので、非合法活動もできると解釈されてきた。職員数は1500〜2000人と言われ、CIAの10分の1、MI6と同程度である。

モサドの名がよく知られているのは、情報収集活動より暗殺や誘拐、イラクからのミグ21戦闘機奪取、パレスチナの過激派組織「黒い九月」との対決、ウガンダのエンテベ空港での人質救出といった秘密工作・作戦のほうだろう。モサドの拠点は世界じゅうにあり、活動には正規の職員のほかにユダヤ人の協力者（サイアニム）を利用できる。

モサドが出てくる小説には、フォーサイスの『オデッサ・ファイル』、ル・カレの『リトル・ドラマー・ガール』などがある。

『ミュンヘン』(2005年)

監督：スティーブン・スピルバーグ　出演：エリック・バナ、ダニエル・クレイグ

1972年、ミュンヘン・オリンピック開催中にパレスチナ過激派組織”黒い9月”によるイスラエル選手団襲撃事件が起きた。報復としてイスラエル政府が諜報機関モサドの精鋭5人を暗殺チームとして送り込んだ史実をモサド側から描いた作品。原案はジョージ・ジョナスのノンフィクション『標的は11人：モサド暗殺チームの記録』。

『ザ・スパイ ─ エリ・コーエン ─』

2019年、全6話　製作総指揮：ギデオン・ラフ
出演：サシャ・バロン・コーエン、ノア・エメリッヒ

百貨店勤めの平凡な男がモサドのスパイとなってシリアに潜入し、正反対の虚構の人生を送ることになった実話を元にしたスパイもの。原作ノンフィクションはUri Dan, Yeshayahu Ben Porat “L'espion qui venait d'Israël”（未訳）。家族への裏切りと愛国心。非情な選択を迫られた主人公の苦悩と悲劇が描かれる。

小説

『スパイのためのハンドブック』

ウォルフガング・ロッツ著、朝河伸英訳（ハヤカワ文庫）

元モサドの情報部員だった著者が、実際の経験をもとに、スパイに適するタイプ、スパイになる方法、家族や周囲への接し方など、嘘かほんとか懇切丁寧に解説。自己採点テストも付いた楽しいハウツー本。佐々木倫子のコミック『ペパミント・スパイ』にも多大な影響を与えたと思われる一冊。

3
章

北欧

北欧ミステリブームはここから生まれた
スウェーデンの警察

歴史

- 18世紀半ばに近代警察成立（地方政府管轄）
- 1965年に国有化（司法省管轄）
- 2015年から全国統一組織に
- 保安局（Swedish Security Service）独立

組織

- National Operations Department
  - 地方管区支援
  - 国家レベルの犯罪捜査（汚職、戦争犯罪、テロなど）
  - 保安局、軍との連絡
  - 国際協力
- 7つの地方管区に分かれている

いまや翻訳ミステリーは北欧抜きに語れない。火つけ役は2000年代に世界的にヒットしたスティーグ・ラーソンの『ミレニアム』シリーズだが、それにさかのぼること40年、1960～70年代のストックホルムを舞台にしたマイ・シューヴァルとペール・ヴァールーの警察小説10作が世界進出の道を拓いたと言えるだろう。警察本庁殺人捜査課の主任捜査官※。マルティン・ベックを主人公とし、当時のスウェーデンの社会問題を色濃く反映したこのシリーズは名作ぞろいで、なかでも『笑う警官』はすばらしい。

ちょうどその時期、スウェーデンでは各地方警察が司法省管轄の国家警察に統合される組織改革があり、ベックたちの仕事にも影響を与える。現在、スウェーデンの警察は国内を7地区に分け、国内運用部がそれらを監督しつつ、国家レベルの犯罪捜査や、保安局（諜報機関）や軍との連携業務、国際協力などをおこなっている。

もうひとつの有名シリーズ、ヴァランダー警部を主人公とするヘニング・マンケルの作品群の舞台は南部地区、スコーネ地方のイースタ。

※この呼称は柳沢由実子氏による新訳から。高見浩氏の旧訳［英語からの重訳］では当初「ストックホルム警視庁殺人課主任警部」で、のちに主任警視に昇進する。

スウェーデン警察庁組織図

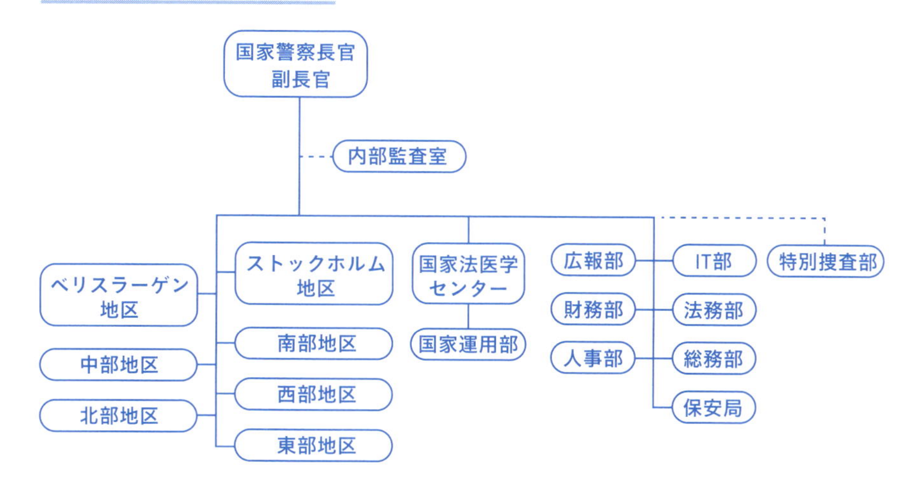

7つの地方管区

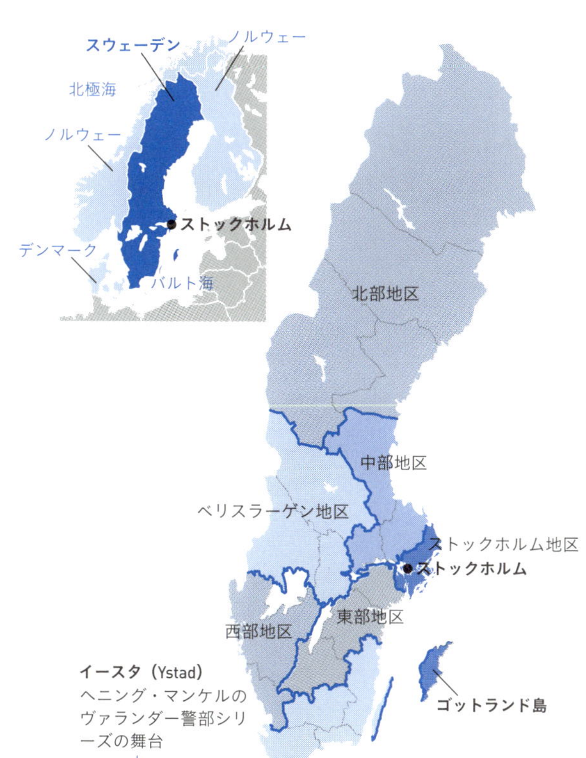

北欧警察小説の二大巨匠

マイ・シューヴァル＆ペール・ヴァールー（マルティン・ベックシリーズ）

ヘニング・マンケル（刑事ヴァランダーシリーズ）

ドラマ 『刑事ヴァランダー』

2008〜2016年、全4シーズン　製作総指揮：ケネス・ブラナー　出演：ケネス・ブラナー、トム・ヒドルストン

ヘニング・マンケルの代表作。ミステリファンを自認するケネス・ブラナーがかたくなな主人公クルト・ヴァランダーを演じた。ロケは全てスウェーデン国内で、原作ファンも満足の出来となっている。本国版『スウェーデン警察　クルト・ヴァランダー』と若き日を描いた『新米刑事ヴァランダー』も高評価を得る。

映画 『THE INFORMER／三秒間の死角』(2019年)

監督：アンドレア・ディ・ステファノ　出演：ジョエル・キナマン、ロザムンド・パイク

アンデシュ・ルースルンドとベリエ・ヘルストレムのグレーンス警部シリーズ5作目の映画化。犯罪者コズロウは減刑と引き換えにFBIの情報提供者になるが、計画失敗で危険な潜入捜査を強いられる。舞台をスウェーデンから米国に変え、アクションも追加。原作は緻密な計画が読みどころだが、改変されたラストにも驚きが。

ドラマ 『刑事ペーテル〜未解決事件捜査班〜』

2018年〜、2シーズン　監督：シェル＝オーケ・アンデション　出演：ロバート・グスタフソン、ルイーズ・ピーターホフ

スウェーデン警察の刑事ペーテル・ヴェンデルが病気休暇から復帰すると、吹き溜まりのような未解決事件捜査班に異動されていた。同じ頃、連続殺人犯の弁護士が殺される。家族問題も抱えながら、冤罪を信じて再捜査を始めるペーテルに思わぬ妨害が。レイフ・GW・ペーション原案の、実話に基づくドラマ。

column

北欧の警察の銃の携行について

北欧諸国のなかで警官が通常のパトロール時に銃を携行しないのが、アイスランドとノルウェーだ。地域社会型警察活動(各地域の住民の参加と協力を得ながらおこなう警察活動)にとくに力を入れていることが理由のひとつである。両国では、銃器は警察車のなかの特別なコンパートメント(箱)に施錠保管されていて、アイスランド警察では銃が必要な状況になった場合、ノルウェーでは上司の許可を得た場合に、そこから取り出して使用することができる。

もちろん、対テロなどの特殊部隊(アイスランドでは「バイキング部隊」、ノルウェーでは「デルタ・フォース」)は、ハイリスクの状況に備えてつねに武装している。また、どちらの国でも、パトロールをおこなう警官は、暴力回避の技術や非殺傷武器(テーザー銃、警棒、催涙スプレーなど)について特別な訓練を受けている。万一なんらかの事情で銃を使用した際には、詳細な報告が求められ、審査がおこなわれる。

column

国際刑事警察機構(=インターポール)

国際刑事警察機構(International Criminal Police Organization、ICPO)は、世界各国の法執行機関が、国際犯罪の防止、捜査の円滑化のために1923年に設立した国際組織である。200近い国・地域が加盟している。インターポール(INTERPOL)と呼ばれることも多く、エンタメ作品ではこちらがおなじみだろう。

ただし、インターポールはあくまで捜査関係の情報共有や連携強化を図る相互連絡組織・協議体であって、それぞれ主権がある国のなかで国際指名手配犯を逮捕するような権限はない(ルパン三世の銭形警部のような人はいないということだ)。実際の捜査や逮捕はそれぞれの関係国の警察がおこなう。

フィクションの世界では、ロバート・ラドラム原作の映画『ボーン』シリーズで、主人公のジェイソン・ボーンをインターポールが追う。フォーサイスの『ジャッカルの日』でも、さまざまな国を移動する暗殺者ジャッカルの特定や追跡でインターポールが重要な役割を果たす。ドラマでは、たとえば『クリミナル・マインド　FBI行動分析課』のスピンオフ・シリーズ『クリミナル・マインド　国際捜査班』で、FBIのチームがインターポールと協力して事件を解決する。

13世紀から存在する歴史ある組織
ノルウェーの警察

•国家犯罪捜査局（クリポス）
アメリカのFBIにあたる組織で、ノルウェーのミステリには頻出。重大犯罪や組織犯罪を扱うほか、サイバー犯罪の防止や捜査、情報収集なども行う。

歴史

- 起源は13世紀の保安官から
- 1859年、オスロに制服警官組織
- 1894年、管区導入
- 2003年より現在の全国組織

組織

- National Police Directorate
- 国家犯罪捜査局（Kripos）ほか7つの特別機関
- 27管区に分かれている
  — 警察本部長下に複数の警察署がある

ノルウェーの警察の歴史は長く、起源は13世紀の保安官からと言われるが、2000年代初めに新設された国家警察委員会のもと、現在の27管区ができた。この委員会は、国家犯罪捜査局（クリポス［Kripos］。アメリカのFBIに相当する）や、経済・環境犯罪捜査起訴局、国家警察移民局など7つの特別機関も管理している。

ノルウェー発のミステリといえば、まずジョー・ネスボのハリー・ホーレ・シリーズだろう。ホーレはオスロ警察の警部で、クリポスとも協力して捜査をおこなう。ラルヴィクという地方都市の警察の主任警部ヴィスティングのシリーズも味わい深い。これは実際にノルウェー警察の上級調査官だった作者ヨルン・リーエル・ホルストによる正統派の警察小説だ。

なお、ノルウェー警察の特徴として、警官がふだん銃を持ち歩かないことがあげられる（銃はパトカーのなかに保管している）。

映画

『スノーマン 雪闇の殺人鬼』(2017年)

監督：トーマス・アルフレッドソン　出演：マイケル・ファスベンダー、レベッカ・ファーガソン

オスロに初雪が降った日、消えた女性のスカーフが雪だるまの首に巻かれていた。残忍な犯人は警察をあざわらうかのように犯行をエスカレートしていく。ノルウェーの人気作家ジョー・ネスボの代表作、警部ハリー・ホーレを主人公としたシリーズ第7作の映画化。監督は『裏切りのサーカス』のトーマス・アルフレッドソン。

ドラマ

『刑事ヴィスティング ～殺人鬼の足跡～』

2019年～、5シーズン　製作総指揮：ヨルン・リーエル・ホルスト　出演：スヴェーン・ノルディン、キャリー・アン・モス

原作は名だたるミステリー賞受賞歴を誇る、ヨルン・リーエル・ホルストのシリーズ。ラルヴィク警察犯罪捜査部のヴィスティングが未解決事件に挑む。謎解きはもちろん、主人公の警官としての姿勢に心をうたれる。家族の物語としても大変見応えあり。第1話はエドガー賞TVドラマ最優秀エピソード賞の候補に。

ドラマ

『キャッチ&リリース』

2021年、全8話　監督：クリスティーネ・ベルグ　出演：マチルデ・ソフィエ・ヘンリクセン、イェスパー・マルム

ノルウェー北部の小さな村で、元医師の射殺体が発見された。新人警官フィリッパらが捜査にかかると、余命わずかで療養中のベテラン警察官イリヤが強く協力を申し出る。濃密な共同体で隠された秘密を捜査することの難しさ、女性警官への差別や偏見などが生々しく描かれるオリジナルドラマ。

グリーンランドやフェロー諸島は自治警察
デンマークの警察

組織

- 国家警察（法務省の管轄）
- 12の地方警察
- グリーンランド自治警察
- フェロー諸島自治警察
- 特別犯罪捜査班 The National Unit for Special Crime (NSK)

歴史

- 起源は17世紀、クリスチャン4世のもとで成立
- 1938年に現在の組織の原型が成立
- グリーンランドは1721～1953年、フェロー諸島は1814～1948年のあいだデンマークの植民地だったが、現在はともに自治領

2007年の組織改革で、コペンハーゲンにある国家警察本部と、12の地方警察に統合された（グリーンランドとフェロー諸島にはそれぞれ自治警察がある）。2022年には特別犯罪捜査班（NSK）が創設された。組織犯罪、経済犯罪、サイバー犯罪などを扱うほか、特別な技術やリソースを必要とする重要犯罪の捜査でも、国内、国外の法執行機関に協力する。

ヨーロッパやアメリカで北欧ドラマブームを牽引したのが、2007年にデンマークで制作された『THE KILLING／キリング』だ。1捜査日を1話として描くドラマで（シーズン1は20日＝20話で事件が解決）、デンマークのテレビ史上最高の視聴率を記録したという。アメリカでもリメイクされ、ドラマの人気からノベライズ版も出版された。日本では『キリング』のタイトルで全四巻。

デンマークといえば、『特捜部Q』のシリーズも人気が高い。未解決事件を扱う警察本部内の窓際部署で、カール・マーク警部補と助手のアサドが毎回活躍するストーリーである。

映画　特捜部Qシリーズ

『特捜部Q 檻の中の女』(2013年)

監督：ミケル・ノルガード　出演：ニコライ・リー・コス、ファレス・ファレス　ほか5作

コペンハーゲン警察地下にある未解決事件捜査班 ── その名は特捜部Q。刑事カールとシリア系のアサドのコンビが、組織も投げ出した不可解な事件を解き明かす。バディものとして秀逸なエンタメミステリは、難民問題など社会的な側面にもぐいぐい切り込んでいく。チーム捜査の結束力も読みどころ。

ドラマ

『BRIDGE／ブリッジ』

2011〜2024年、全4シーズン　製作総指揮：ハンス・ローセンフェルト　出演：ソフィア・ヘリン、キム・ボドゥニア

『THE KILLING／キリング』のスタッフによる、謎が謎を呼ぶ濃厚スリラー。スウェーデンとデンマークを結ぶオーレスン橋で、停電中に女性の遺体が置かれていた。ちょうど真ん中に半身ずつかかっていたため、2国間で合同捜査が始まる。主人公サーガの魅力と綿密に練られた脚本が後を引く。複数のリメイクあり。

ドラマ

『チェスナットマン』

2021年〜、1シーズン　製作総指揮　ミタ・ルイーズ・フォルデイガー・ソーレンセン　出演：ダニカ・クルチッチ、ミケル・ボー・フォルスゴー

コペンハーゲンで若い母親の連続殺人事件が起きる。死ぬ前に身体の一部が切断された遺体のそばには、栗でできた人形があった。重大犯罪課のトゥーリンは新しい相棒ヘスと捜査にあたる。『キリング』のクリエイター、セーアン・スヴァイストロプのバリー賞新人賞受賞作を映像化。バディものとしても高評価。

極寒の地を生かしたエンタメ作品多し

フィンランド・アイスランドの警察

フィンランド
- 2003年の法改正で全国統一運用
- 11の地方警察
- 全国警察組織（警察大学、国家捜査局など）

「POLIISI」（フィンランド語）「POLIS」（スウェーデン語）併記

あざやかなブルーのエンブレム（ライオンの頭のついた短剣）

胸ポケットが大きいデザイン

明るめのネイビー

帽子にもチェック柄

右は「LÖGREGLAN」左は「POLICE」

イエローのエンブレム

ほぼブラックで統一

アイスランド
- 国家警察（内務省の管轄）
- 9つの地区に分かれ、最大は首都のレイキャビク警察
- 海域については沿岸警備隊の管轄

フィンランド警察は、組織的にはノルウェーと似ていて、国家警察委員会の下に11の地方警察と、国家捜査局や警察大学などの全国警察組織がある。ただ、ほかの北欧諸国と比べて中央集権的な性格が強く、警察大学での訓練も約3年と徹底している。公用語がフィンランド語とスウェーデン語であることを反映して職務もバイリンガルで、最新技術によるハイテク捜査にも定評がある。ミステリーでは、ジェイムズ・トンプソンのカリ・ヴァーラ警部シリーズが邦訳されている。

アイスランドは、北海道より少し広いくらいの島に約39万人が暮らす国である（ちなみに北海道の人口は500万人以上）。その警察は内務省の管轄で、国家警察として運営されている。「非武装」の国なので軍隊がなく、警察とともに沿岸警備隊が国防の一部を担っている。国土や警察のこうした特徴を活かしたミステリーとして世界的なベストセラーになったのが、アーナルデュル・インドリダソンによる、レイキャヴィク警察のエーレンデュル捜査官シリーズである。

作品紹介 フィンランド・アイスランドの警察

映画

『湿地』(2006年)

監督:バルタザール・コルマウクル　出演:イングヴァール・E・シーグルソン、オーグスタ・エヴァ・アーレンドスドーティル

CWAゴールドダガー、ガラスの鍵賞を受賞したアーナルデュル・インドリダソンの同名作を映画化。湿地にある建物の地下で発見された老人の死体。そこに残された謎のメッセージが被害者の過去と事件の真相に繋がっていく。天候の様子や羊の頭のスープなど、アイスランドの日常が垣間見える貴重な作品。

ドラマ

『トラップ・凍れる死体』

2015年〜2019年、全2シーズン　製作総指揮:バルタザール・コルマウクル　出演:オラフル・ダッリ・オラフソン、リムル・クリスチャンスドッティル

産業大臣が実弟に襲撃された。故郷へ捜査に向かった刑事アンドリは、犯人と仲間たちが発電所の建設反対運動をしていたことを知る。一つの事件が、殺人、テロ計画など複数の事件につながっていく。アイスランドのアカデミー賞エッダ賞で最優秀作品賞ほか多数を受賞。続編は『トラップ 流血の聖地』。

ドラマ

『DEADWIND: 刑事ソフィア・カルピ』

2016年~、3シーズン　製作総指揮:リーナ・ヒーティア　出演:ピヒラ・ヴィータラ、ラウリ・ティルカネン

ある悲劇的な出来事で職場を離れていたヘルシンキ警察の刑事ソフィア。復帰後初の事件は、建設現場の女性の遺体だった。ジェンダーギャップ指数で世界上位を誇るフィンランドですら、女性であることで不利な状況に陥るという事実に絶望を感じつつも、傷だらけのソフィアの奮闘を応援したくなる。

column by 松島由林 ④
フロスト警部シリーズ
TO LONDON
ロンドンまで70マイル
行方不明
強盗
市内で同時多発する事件
（おきすぎ）
旧市街地
BANK
脅迫
POLICE STATION
殺人
MARKET
DENTON STATION
GENERAL HOSPITAL
CHURCH
たてこもり
強姦
死体発見
LAKE
拡大する新市街
DENTON WOODS
Denton map
「近代的な建物を建設中」とのことだったが、最後まで引っ越せないままであった
ヴィクトリア朝時代の救貧院のような赤いレンガ造りの建物
デントン警察署
なにかと紅茶を飲むイギリス人
2階には食堂があり軽食やあたたかいお茶を入手できる
デヴィッド・ジェイソン主演でドラマ化も
ウィングフィールド氏は、2007年に死去。長編は6作で完結となりました
① クリスマスのフロスト
② フロスト日和
③ 夜のフロスト
④ フロスト気質
⑤ 冬のフロスト
⑥ フロスト始末
DI JACK FROST BOOKS
R・D・ウィングフィールド
芹澤恵 訳（東京創元社）
イギリスの架空の都市デントンで多発する犯罪に名物警部フロストがひたすら奮闘する唯一無二の名シリーズ！
好きすぎるー！
"スーパー警視"と呼ぶといやがる
MULLETT
デントン署 署長 警視
上昇志向の強い俗物でフロストの天敵
しかし小物ゆえフロストにいいように扱われることもしばしば
許しがたい
今のはいい意味だよな…？
SKINNER
主任警部
フロストを異動させようとする
大大大好きなシリーズ！
もう続きが読めないのがさびしい…
増える事件！減る人員！
終わらない勤務時間！
いつもメ切の犯罪統計資料！
BILL WELLS
巡査部長
ふてくされがち
日本版表紙イラストの影響かなんとなく初老のイメージですがシリーズ開始時フロスト40代後半
マレット42才(!)
ウェルズ38才
結構若いです
ALLEN
警部
有能だが冷酷
フロストを見下している
最後どこに行ったの？
HANLON 部長刑事
フロストとは仲良し
制服組
ジョーダン&シムズ他大勢
WEBSTER
ムスー
巡査（警部から降格）27才
②
ヒゲ面
鼻が曲がっている
巡査
23才
警察長のおい
①
BARNARD
107ポンドのスーツ
警部
JACK FROST
えび茶色のマフラー
服装はだらしなく下品でセコいが、やるせない世の只中で、どうにかこうにか不眠不休で働き続ける我らがジャック・フロスト！
いつ帰れるの？
ねぇ ねぇ ねぇ
部長刑事
24才
妻は不満たらたら
GILMORE
③
LIZ MAUD
部長刑事 ④⑤
"はりきり嬢ちゃん"
26才
事件の担当は私です
妻とは死別
フロストの下につけられた
若手刑事たち
MORGAN
階級不明
"ウェールズの芋にいちゃん"（タフィ）
40手前
⑤⑥
⑥
KATE HOLBY
新人巡査
19才
すごくポンコツ
"ジョージ十字勲章"
デスクの引き出しに投げこまれている
フロストを「親父さん」と呼ぶ
いつも寒い。いつも冬。
フロストの愛車
モーリス1100
→フォード・コルティナ
→フォード・シエラ
登場人物等すべてイメージです

刑事ドラマの面白さは「尋問」シーンにあり

column by ♪akira ④

警察ミステリで絶対に欠かせないのが取り調べだ。映像作品の中でも尋問シーンが突出して優れたものをいくつか紹介したい。

『インテロゲーション：尋問～殺意の真相～』

女性が自宅で無惨に殺された。逮捕された被害者の息子エリックは未成年だったが、担当刑事ラッセルの頑なな主張でより重い刑が課せられた。20年後、無実を訴え続け服役中に法律を学んだエリックはラッセルの不正行為を告発。内部調査担当刑事が再捜査を始めると驚愕の事実が次々に判明していく。捜査資料は証拠の捏造だったのか、それとも関係者が嘘をついていたのか。1話と最終話以外は好きな順番で鑑賞可能な10話完結のこのドラマは、関係者各自による当時の証言の信憑性を視聴者が判断、完結編で真相が解明する。

『LAW & ORDER：クリミナル・インテント』

数あるシリーズ中、謎解き要素が最も濃厚なスピンオフ。NYPD重要事件捜査班（Major Case Squad）の刑事ゴーレンとエイムズが、狡猾で自信満々の犯人を追いつめる。最大の見どころはゴーレンの尋問シーン。ホームズ顔負けの幅広い知識で事件を解析し、容疑者の隠された面を入念にプロファイルして尋問に臨む。ほんのわずかな隙をついて相手を自白に追いやるテクニックがとにかくお見事。エドガー賞最優秀TVエピソード部門で7回ノミネート、シーズン4第3話で受賞を果たす。

『クリミナル：イギリス編、フランス編、スペイン編、ドイツ編』

一話完結の異色の本格推理作品。舞台は警察署の取調室とその周囲およそ5メートル以内。室内には警察官2人、尋問される側の人物と弁護士、鏡の向こうでは捜査班が見守っている。開始時点では事件の概要も聴取を受ける人物の素性も一切不明。台詞の中から事件の概要が浮かび上がるが、完全黙秘を貫く相手もおり、視聴者は警察側の情報だけで推理する。4カ国すべてが同じセット、回想シーンも捜査場面も皆無、脚本と演技のみで見せる100%会話劇という究極の尋問ドラマ。イギリス編のみ第2シーズンまであり。

4
章

韓国・日本

日本と比べて検察が強い権力を持つ

韓国の警察

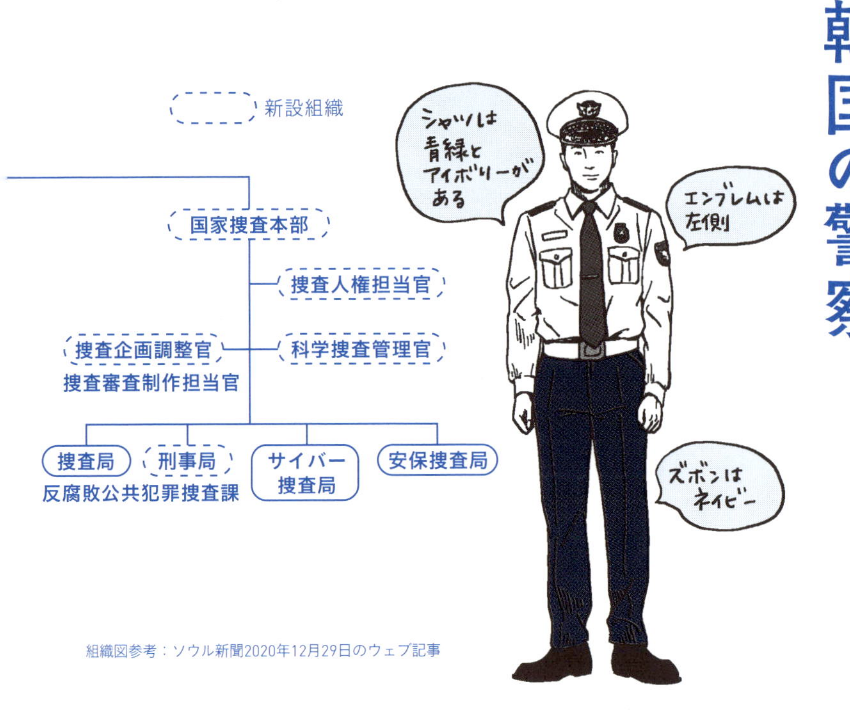

組織図参考：ソウル新聞2020年12月29日のウェブ記事

米軍占領統治下の１９４５年に始まった現在の警察制度は、行政安全部の外局である警察庁（全国18の地方庁や警察大学、警察病院を含む）と各自治体の自治警察からなる。北朝鮮との緊張関係や、１９８０年代まで軍事独裁政権だったこともあって、いまも国家警察的な性格が強く、地方警察庁の下には機動隊や警察特攻隊（おもに対テロ任務）が配備されている。かつて北朝鮮工作員の摘発やデモ鎮圧などをおこなっていた「戦闘警察（戦警）」は、２０１３年に「義務警察（義警。徴兵で軍隊の代わりに警察庁所属で入営する制度）」に引き継がれたが、義警も２０２３年に廃止となった。

犯罪捜査に関しては、日本と比べて検察の力が非常に強く、捜査の開始権、指揮権、終結権をすべて検察が握っていた。つまり検察が捜査から起訴まで一貫して警察の上位にあった。その改革を掲げたのがムン・ジェイン（文在寅）政権で、２０２０年、警察に一次捜査の終結権を与え、検察の捜査指揮権を廃止する改正法が成立した。具体的には検察庁法と刑事訴訟法の改正だが、これについては大統領周辺に対する検察の捜査を妨げるためだ

組織と階級

（＊括弧内は相当する日本の階級）

治安総監（警察庁長官）
治安正監（警視総監、警視監）
治安監（警視監）
警務官（警視長）
総警（警視正）
警正（警視）
警監（警部）
警衛（警部補）
警査（巡査部長）
警長（巡査長）
巡警（巡査）

警衛から総警までが警察署内の幹部、警務官から上は上級公務員なので捜査実務より管理業務にたずさわる。難関とされる警察大学を卒業すれば、階級は警衛から始められる。たとえば、映画『別れる決心』の主人公は最年少の警部で、チーム長として6、7人の部下を抱えている。『殺人の追憶』では、ソウル近郊で起きた連続殺人事件の特別捜査本部が組まれ、地元警察の刑事とソウル市警から派遣された刑事が協力して犯人を追う。ドラマ『ボイス　112の奇跡』は、地方警察庁の112通報センターを舞台とする話（韓国では112番が警察、119番が消防・救急の通報番号）。

NHKでも放映された『ウ・ヨンウ弁護士は天才肌』

検事・弁護士ドラマも熱い

検察の存在感の強さを反映し、検事や、検察に相対する立場の弁護士が主役のドラマも人気。

警察庁組織図（2021年の国家捜査本部新設後）

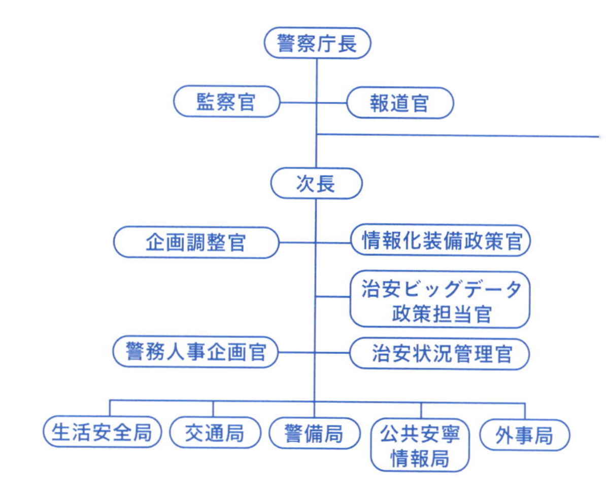

- 1945年、米国軍占領下に設置
- 警察庁と自治警察で構成される
- 紋章は国花であるムクゲの上にオオワシが止まったデザイン

という見方から、反対の声も多かった。

2021年には、警察の事件捜査を統括する「国家捜査本部」が発足した。市や道の警察庁長官や署長、捜査部署などを国家捜査本部長が指揮・監督し、分散していた捜査能力をひとつにまとめて強化しようという動きである。検察の代わりに重要犯罪の捜査を担う、FBI韓国版「中央捜査庁」の新設も検討されている。

映画

『殺人の追憶』(2003年)

監督：ポン・ジュノ　出演：ソン・ガンホ、パク・ヘイル

実際に起きた戦慄の連続殺人事件をベースにした傑作スリラー。1986年、若い女性の変死体が相次いで発見された。地元警察の刑事とソウル市警から派遣された刑事が衝突しながらも捜査にあたる。10件の犯行が発覚した＜華城連続殺人事件＞は、映画公開から13年経った時効成立後に真犯人が特定された。その正体は別件で服役中の無期懲役囚だった。

映画

『犯罪都市』(2017年)

監督：カン・ユンソン　出演：マ・ドンソク、ユン・ゲサン

90年代に起きた実際の事件をベースにしたクライムアクション。強力班（＊日本の強行班係にあたる）刑事マ・ソクトは、どんな凶悪犯でも張り手ひとつで一発ダウンの超コワモテ。ヤクザ同士の争いも難なく仲介するが、中国の新興組織が縄張りを荒らしたことで血みどろの抗争が始まる。マ・ドンソクの魅力爆発の大人気シリーズ。

映画

『ベテラン』(2015年)

監督：リュ・スンワン　出演：ファン・ジョンミン、ユ・アイン

正義感と人情あふれるベテランのヒラ刑事ドチョルの知り合いが自殺未遂で意識不明となった。彼の息子の証言から、事件には邪悪な財閥御曹司が関係していると確信したドチョルは捜査を始めるが、大企業の力は大きく、警察内部からも妨害を受ける。不正を許せぬドチョルとチームの面々が満身創痍で巨悪に挑む胸熱の警察アクション。

ドラマ 『秘密の森』

2017年〜、2シーズン　製作総指揮：イ・チャンホ
出演：ペ・ドゥナ、チョ・スンウ

主人公は子供の頃に受けた脳手術が原因で感情を失った検事シモク。かつて彼に便宜を図ってもらおうと金銭的な支援を申し出た男が殺された。偶然その家を訪れたシモクは現場を検証すると、修理業者に辿り着く。容疑者は完全否定したものの、決定的な証拠が出て有罪が確定し……。理性で動く冷徹な検事と感情豊かな刑事のコンビが真相に迫る。

映画 『エクストリーム・ジョブ』(2019年)

監督：イ・ビョンホン　出演：リュ・スンヨン、イ・ハニ

韓国犯罪映画史上最高に笑えて痛快な刑事アクション。成績不振で部の存続が危ぶまれる麻薬捜査班のコ班長は国際犯罪組織のアジトの向かいのチキン店が閉店すると知り、店を買い取って偽装開店。全員で張り込みを始めたところ、チームのマ刑事の作るチキンが大当たりし店は大繁盛してしまう。驚愕の事実が明かされるラストも見逃せない。

ドラマ 『悪い刑事』

2018年〜、1シーズン　演出：キム・デジン　出演：シン・ハギュン、イ・ソル

犯人逮捕には違法な手段も辞さない刑事テソクの前に、かつて逮捕できなかった殺人犯が検事となって現れた。今も殺戮を繰り返す犯人にテソクがとった手は？

BBC『刑事ルーサー』の韓国版リメイク。元ドラマもかなりノワール風味濃厚だが、それを上回るほどの闇展開が怒涛のように視聴者を襲う。

韓国の諜報機関――KCIA

アメリカのCIAと同じく大統領直属の組織

設立：1961年
解体：1981年
管轄・所属：大統領直属
所在地：南山

対立

朴正熙大統領

第5～9代大統領。軍やKCIAなどを利用して民主化運動を弾圧したが、1979年、KCIAの部長によって暗殺される。

金大中事件

1973年、朴正熙軍事政権を批判する民主化運動家の金大中氏（後に大統領）がKCIAによって東京のホテルから拉致され、日韓関係にも大きな影響を与えた。

現在の諜報機関＝国家情報院(NIS)

KCIAを前身とし、1991年に設立。2024年から対共産主義の捜査権は警察に移行される。国家情報院の業務から国内諜報活動を外し、対テロ、サイバー、宇宙などの科学情報能力を強化していく方針のようだ。

韓国の諜報機関と言えば「韓国中央情報部（ＫＣＩＡ）」、通称「南山（ナムサン）」※1の印象が強いかもしれない。これは１９６１年のパク・チョンヒ（朴正熙）による軍事クーデター後にできた諜報機関・秘密警察で、捜査活動も含む強い権限を持っていた。反体制派の摘発や拷問、民主化運動の弾圧をおこなったほか、東京で政敵キム・デジュン（金大中）の誘拐事件を引き起こすなど、その力は国外にも及んだが、１９７９年、中央情報部長が朴大統領を射殺するという大事件が発生。※2

ＫＣＩＡの権限はおもに北朝鮮関連の情報収集とスパイ活動の取り締まりに縮小され、１９８１年、チョン・ドゥファン（全斗煥）政権下で「国家安全企画部（ＮＳＰ）」に改組された。捜査権は拡大したが、選挙工作などの政治介入も発覚し、１９９９年には国内情報部門を大幅に縮小し、経済・産業分野の情報収集を強化する方向で、現在の「国家情報院（ＮＩＳ）」になった。

とはいえ、その後も大統領選挙への介入が問われるなど、国家情報院と国内政治の結びつきはなかなか切れない。

※1　KCIAの本部があった場所にちなむ。　※2　この暗殺事件を取り上げたのが、映画『KCIA　南山の部長たち』。
※3　引きつづき合同捜査機関などをつうじた警察への協力はおこなう。

映画

『KCIA 南山の部長たち』(2020年)

監督：ウ・ミンホ　出演：イ・ビョンホン、イ・ソンミン

1979年10月、南山にあるKCIAの部長が起こした朴正熙大統領暗殺事件を元に作られた作品。KCIAの元部長パク・ヨンガクはアメリカ議会で韓国政府の腐敗を告発。現部長のキムは大統領命令で事態の収集のためにアメリカへ向かうが……。最初から最後まで一瞬たりとも緊張感が途切れない実録サスペンス。

映画

『工作 黒金星と呼ばれた男』(2018年)

監督：ユン・ジョンビン　出演：ファン・ジョンミン、イ・ソンミン

核兵器開発の実態を探るため、将校パクに北朝鮮潜入の指令が下される。ターゲットは北京に在住する外貨獲得の責任者リ所長。実業家に扮したパクは、時間をかけてリの信頼を得ることに成功したかに思われたが、先には危険な展開が待ち受けていた。暗号名<黒金星>が北朝鮮に潜入捜査した史実を元にした。

映画

『ハント』(2022年)

監督：イ・ジョンジェ　出演：イ・ジョンジェ、チョン・ウソン

1980年代。安全企画部（旧KCIA）に北のスパイが潜伏し機密を漏洩しているとの情報を得て、かねてより因縁の仲である海外次長と国内次長は争って捜査を始めるが、その過程で大統領暗殺計画が浮上する。亡命作戦における迫力のカーアクションや緊迫感あふれる尋問場面など見どころも満載。主演イ・ジョンジェの初監督作。

日本の警察

階級と役職は必ずしも一致しない

階級	役職
警視総監	警視庁の本部長
警視監	警視庁の次長・局長・部長、道府県警察本部長
警視長	県警察本部長・管区警察局長
警視正	大規模な警察署の署長や警察本部の部長などを務める上級管理職
警視	警察署の署長、警察本部の課長
警部	警察署の課長、警察本部の課長補佐に当たる階級
警部補	交番の所長、警察署の係長、警察本部の主任
巡査部長	主任、交番の所長
巡査長	一般の係員 ※正式な階級ではなく、巡査の中から経験を考慮して選ばれる。
巡査	一般の係員。交番などに勤務。

刑事＝刑事課の警察官（私服の巡査〜巡査部長）

部長刑事＝階級が巡査部長の刑事

刑事部長＝刑事部を統括する役職で、階級は警視正〜警視監

本書は海外のエンタメ作品向けのガイドだが、参考情報として、最後に日本の警察について少しだけ触れておく。

「階級」と「役職」が別の区分であることに注意してほしい。役職としては同じ警察署長でも、階級は警視だったり警視正だったりする。「巡査長」は警察法上の正式な階級ではなく、ベテラン巡査の名誉職的な呼称だ（『こちら葛飾区亀有公園前派出所』の両津勘吉が巡査長）。「刑事」も階級名や役職名ではなく、巡査から巡査部長までの非管理職の私服警官を指す。

翻訳作品によく出てくる「部長刑事」も日本では階級名ではなく、巡査部長の刑事の俗称。それとよく似た「刑事部長」は刑事部を総括する役職で、階級は警視正から警視監のどれかになる。

1970～80年代に絶大な人気を誇った『太陽にほえろ！』という刑事ドラマがある。警視庁七曲署捜査一係の藤堂係長（石原裕次郎）の階級は警部、「ボス」として署内で指示を出すことが多かった。捜査現場を仕切っていたのは主任クラスの山さん（露口茂）で、階級は警部補だった。

作品紹介 日本の警察

ドラマ 『相棒』

2000年〜、22シーズン　プロデューサー：松本 基弘
出演：水谷豊、寺脇康文

天才的な推理力を持つが組織に忖度しない警部杉下右京。そんな彼を厄介払いするために作られた警視庁特命係には人材が居着かない。だが7人目に配属された刑事亀山薫は、初めて杉下の力強い相棒となる。歴代相棒の中でもダントツ人気の亀山刑事はシーズン21から再登場。2006年からは毎年元日にスペシャル版が放映されている国民的推理ドラマ。

ドラマ 『科捜研の女』

1999年〜、24シーズン　プロデューサー：藤崎絵三
出演：沢口靖子、内藤剛志

京都府警科学捜査研究所法医研究員、榊マリコのずば抜けた洞察力と、" にっこり笑ってスーパー無茶振り" が難事件を解決。番組開始25年前から捜査技術と手続きも変わってきたが、マリコのナチュラルな残業要請は相変わらずで、所長がいさめる展開もお約束。2021年には初の映画版が公開された。

column

日本の刑事ドラマのフォーマットを作った『太陽に吠えろ！』

1972年から14年にわたって放映された人気刑事ドラマ『太陽に吠えろ！』。山さん、殿下、ゴリさん、マカロニといったニックネームで刑事の個性を引き立てたり、「殉職」でメンバーチェンジしてマンネリを防ぐなど、その後の刑事ドラマに大きな影響を与えた。当時流行していたアメリカの刑事映画『ブリット』(1968年)、『ダーティ・ハリー』(1971年)なども参考にしたという。

資料編

参考文献

『英米法辞典』田中英夫編集代表、東京大学出版会
『法律学小辞典　第5版』高橋和之他編集、有斐閣
『アメリカの警察』冷泉彰彦著、ワニブックス
『ミステリ翻訳入門』田口俊樹著、アルク
『FBI心理分析官　異常殺人者たちの素顔に迫る衝撃の手記』ロバート・K・レスラー、トム・シャットマン著、相原真理子訳、早川書房
『FBIの歴史』ロドリー・ジェフリーズ＝ジョーンズ著、越智道雄訳、東洋書林　ロードリ
『FBI神話のベールを剥ぐ　特別捜査官と呼ばれた男たち』ダーマッド・ジェフリーズ著、池田真紀子訳、同胞社出版
『FBI秘録　その誕生から今日まで』ティム・ワイナー著、山田侑平訳、文藝春秋
『ロンドン警視庁　素顔のスコットランドヤード』岩崎広平著、サイマル出版会
『ヴィクトリア朝ロンドンの日常生活』マイケル・アルパート著、白須清美訳、原書房
『キム・フィルビー　かくも親密な裏切り』ベン・マッキンタイアー著、小林朋則訳、中央公論新社
『KGBの男　冷戦史上最大の二重スパイ』ベン・マッキンタイアー著、小林朋則訳、中央公論新社
『CIA秘録　その誕生から今日まで』ティム・ワイナー著、藤田博司他訳、文藝春秋
『実録KCIA　南山と呼ばれた男たち』金忠植著、鶴真輔訳、講談社
『リトビネンコ暗殺』アレックス・ゴールドファーブ他著、加賀山卓朗訳、早川書房
『モサド　暗躍と抗争の70年史』小谷賢著、早川書房
『憂国のスパイ　イスラエル諜報機関モサド』ゴードン・トーマス著、東江一紀訳、光文社

※小説については本文に関連した代表作をあげておく。興味が湧いたら、ほかの作品もぜひ手に取っていただきたい。

『警官嫌い』エド・マクベイン著、井上一夫訳、早川書房
『警察署長』スチュアート・ウッズ著、真野明裕訳、早川書房
『羊たちの沈黙』トマス・ハリス著、高見浩訳、新潮社
『スリーピング・ドール』ジェフリー・ディーヴァー著、池田真紀子訳、文藝春秋
『アンタッチャブル』エリオット・ネス、井上一夫訳、早川書房
『オリヴァー・ツイスト』チャールズ・ディケンズ著、加賀山卓朗訳、新潮社
『ウッドストック行最終バス』コリン・デクスター著、大庭忠男訳、早川書房
『キュレーターの殺人』M・W・クレイヴン著、東野さやか訳、早川書房

『骨と沈黙』レジナルド・ヒル著、秋津知子訳、早川書房
『こちら葛飾区亀有公園前派出所』秋本治著、集英社
『黒と青』イアン・ランキン著、延原泰子訳、早川書房
『コールド・コールド・グラウンド』エイドリアン・マッキンティ著、武藤陽生訳、早川書房
『カジノ・ロワイヤル』イアン・フレミング著、白石朗訳、東京創元社
『英国諜報員アシェンデン』サマセット・モーム著、金原瑞人訳、新潮社
『ヒューマン・ファクター』グレアム・グリーン著、加賀山卓朗訳、早川書房、他
『ティンカー、テイラー、ソルジャー、スパイ』、『リトル・ドラマー・ガール』ジョン・ル・カレ著、村上博基訳、早川書房
『オデッサ・ファイル』フレデリック・フォーサイス著、篠原慎訳、角川書店
『狙撃手のゲーム』スティーヴン・ハンター著、公手成幸訳、扶桑社
『グリーン・マイル』スティーヴン・キング著、白石朗訳、小学館
『ミレニアム1　ドラゴン・タトゥーの女』スティーグ・ラーソン著、ヘレンハルメ美穂、岩澤雅利訳、早川書房
『笑う警官』マイ・シューヴァル、ペール・ヴァールー著、柳沢由実子訳、角川書店
『目くらましの道』ヘニング・マンケル著、柳沢由実子訳、東京創元社
『スノーマン』ジョー・ネスボ著、戸田裕之訳、集英社
『警部ヴィスティング　カタリーナ・コード』ヨルン・リーエル・ホルスト著、中谷友紀子訳、小学館
『凍氷』ジェイムズ・トンプソン著、高里ひろ訳、集英社
『特捜部Q　檻の中の女』ユッシ・エーズラ・オールスン著、吉田奈保子訳、早川書房
『湿地』アーナルデュル・インドリダソン著、柳沢由実子訳、東京創元社
『クリスマスのフロスト』R・D・ウィングフィールド著、芹澤恵訳、東京創元社
『八百万の死にざま』ローレンス・ブロック著、田口俊樹訳、早川書房
『アリバイのA』スー・グラフトン著、嵯峨静江訳、早川書房
『長い別れ』レイモンド・チャンドラー著、田口俊樹訳、東京創元社
『さむけ』ロス・マクドナルド著、小笠原豊樹訳、早川書房
『レイチェル・ウォレスを捜せ』R・B・パーカー著、菊池光訳、早川書房
『サマータイム・ブルース』サラ・パレツキー著、山本やよい訳、早川書房

紹介作品一覧

索引

あとがき

「良い警官・悪い警官」という言いまわしがある。いわゆるアメとムチ、一方の警官が被疑者を脅して震え上がらせたあと、もう一方の警官がやさしく接すると、ほだされた被疑者が思わず口を割るというあれである。交渉術として英語にもgood cop/bad cop tacticsという表現があるから、これなども警察がわれわれの日常生活に深くかかわっていることのひとつの表れだろう。

スパイ活動も極論すれば生活の一部である。専業のスパイに会うことこそめったにないが、その活動につきものの、たとえば嘘、欺瞞、偽装、監視、裏金などを目にしない日はない(目にしたくはないけれど)。

だから国内、国外を問わず、人間社会を描く小説や映像作品にはかなりの確率で両者が出てくる。しかし、「海外のエンタメ作品を愉しむ」という視点で警察や諜報機関を解説した資料がなかなかありませんよね、という話から今回の企画は始まった。もとは簡単なパワーポイントのスライドだったものが、こうして美しいイラスト入りの本に結実するとは夢にも思わなかった。この分野については、ヨーロッパ諸国や、南米、インド、中国など、まだまだ掘り下げたい地域もあるが、関係者のご協力のもと、昨今の作品に頻繁に登場する組織はおおむね説明できたのではないかと自負している。

翻訳専門校フェロー・アカデミーで、最初にこの企画を考えられた村山卓弥さんと、いまも定期的にオンライン講座を配信してくださっている皆さんに感謝する。そこから本書の企画を練り上げ、根気強く出版につなげてくださったエクスナレッジ社の関根千秋さんにも謝意を捧げる。そしてもちろん、快く共同執筆に応じて膨大な知識を披露してくださった書評家・映画ライターの♪akiraさん、すばらしいイラストと蘊蓄を提供していただいたイラストレーターの松島由林さんにもお礼申し上げる。ほかにも、筆者への質問やフィードバックといったかたちで本書執筆の後押しをしてくださったかたがたがいることは言うまでもない。

あとは、ここでわれわれが紹介した名作、話題作の数々を、皆さんが（初めて／改めて）愉しまれることを願うのみである。

加賀山卓朗

2024年10月

あとがき

普段から海外ミステリが好きです。しかし組織や捜査用語などはなんとなく理解しているだけということも多く、かといって自分で調べるにはあまりにも膨大な情報量のため、漠然とした知識のまま過ごしてきてしまいました。そんな私がなんと、翻訳家の加賀山卓朗さんが解説する本書『警察・スパイ組織解剖図鑑』のイラストを担当させていただくことに……！　こんなに私大歓喜の話があるでしょうか。ありがとうございます！

イラストを描きながら、なるほどと思うことばかりでした。

たとえば私がシリーズで装画を担当している東京創元社のワニ町シリーズ4巻『ハートに火をつけないで』（ジャナ・デリオン／島村浩子訳）に「ＦＢＩならまだ人間的だ。ウォルターが国家安全保障局（ＮＳＡ）と言ったら、もっと不安になっていただろう。」という文章があります。もし本書を読んだあとだったら、この連邦政府行政機関ギャグももっと味わえたはず……！　ＮＳＡ怖い。

ずっと私を悩ませてきた「部長刑事」ってどれくらいえらいのか問題も本書で一挙解決です。ワシントン・ポーは「部長刑事（＝巡査部長）」ですが、『相棒』の内村完爾は「刑事部長」で階級は「警視長」。かなりえらいです。全然違います。わかりやすい！

♪ａｋｉｒａさんの豊富な豆知識満載の作品ガイドも本当におもしろく、こうして分類してみるとそれぞれお国柄も出ていて興味深いです。なにとぞ隅々までご覧ください。

本書を読んで小説・映像を問わず海外作品をより広く、深く楽しんでくださる方が増えれば、ファンの１人としてこれ以上うれしいことはありません。どうぞお楽しみいただけますように！

松島由林

profile

著者紹介

加賀山卓朗

1962年生。翻訳家。おもな訳書に、ル・カレ『スパイたちの遺産』、グリーン『ヒューマン・ファクター』、ルヘイン『ミスティック・リバー』（以上、早川書房）、ディケンズ『大いなる遺産』（新潮社）、コスビー『頬に哀しみを刻め』（ハーパーコリンズ・ジャパン）など。依田卓巳名義でノンフィクションも訳している。

♪akira

翻訳ミステリー・映画ライター。月刊誌「本の雑誌」で新作映画コラム<本、ときどき映画>、季刊誌「ミステリマガジン」でミステリドラマレビューを連載中。文庫解説はアンドレアス・フェーア『急斜面』（小学館文庫）、ジャナ・デリオン『ハートに火をつけないで』（創元推理文庫）ほか。

イラストレーター紹介

松島由林

イラストレーター。『ワニの町へ来たスパイ』などのワニ町シリーズ、『パーカー・パインの事件簿』（東京創元社）、『相棒season21』（朝日文庫）、『アミュレットホテル』（光文社）等の装画を担当。母の本棚にあった『シカゴ・ブルース』が海外ミステリの一番古い読書記憶です。ドラマだと『刑事コロンボ』です。

警察・スパイ組織
解剖図鑑

2024年12月6日　初版第1刷発行

著者　加賀山卓朗
♪akira
イラスト　松島由林
発行者　三輪浩之
発行所　株式会社エクスナレッジ
〒106-0032
東京都港区六本木7-2-26
https://www.xknowledge.co.jp/
問合せ先　編集　Tel:03-3403-5898
Fax:03-3403-0582
info@xknowledge.co.jp
販売　Tel:03-3403-1321
Fax:03-3403-1829